Hans-Georg Schede
Der Waldkindergarten auf einen Blick

Profile für Kitas und Kindergärten

Hans-Georg Schede

Der Waldkindergarten auf einen Blick

Herder · Freiburg · Basel · Wien

© Verlag Herder Freiburg im Breisgau 2000
Umschlaggestaltung: Dietmar Prill, Freiburg
Fotos: Hartmut W. Schmidt, Freiburg
Innenlayout: Zumstein Grafik Design, Merzhausen
Druck und Bindung: J. P. Himmer, Augsburg
ISBN 3-451-27403-5

Inhalt

Viertes Kapitel:
Der Tag im Waldkindergarten

Literatur und Medien zum Waldkindergarten

Einleitung

Obgleich die Idee des Waldkindergartens von Anfang an auf viel Interesse und Zustimmung stieß, hat sie sich in der Bundesrepublik erst in den neunziger Jahren in etwas größerem Umfang verbreitet. Seither ist der Waldkindergarten, sofern bestimmte Auflagen erfüllt sind, auch in den meisten Bundesländern als pädagogische Institution mit eigenem Konzept anerkannt. Seine pädagogische Bedeutsamkeit liegt vor allem in der Erweiterung der lebensweltlichen Erfahrungen von Kindern. Der Waldkindergarten bietet beste Voraussetzungen, einen positiven Bezug zur Natur aufzubauen. Sich mit der Idee des Waldkindergartens auseinander zu setzen, ist daher für die Elementarpädagogik sehr lohnend.

Dieses Buch bietet einen Überblick über die Entwicklung der Waldkindergärten bis heute. Es erläutert zunächst, wie sie entstanden sind und in welchen Formen sie existieren. Das zweite Kapitel beschreibt die pädagogische Idee des Waldkindergartens, wie sie sich in den Überlegungen der beteiligten Eltern, Erzieherinnen und Träger kristallisiert. Auch die Bedenken gegen das pädagogische Konzept des Waldkindergartens sollen dabei zur Sprache kommen. Da sich der Waldkindergarten – naturgemäß – in vielen Aspekten organisatorisch von den bisher gängigen Formen der Kindergärten und Kindertageseinrichtungen unterscheidet, geht es anschließend in einem dritten Kapitel um seine besonderen Merkmale. Das abschließende vierte Kapitel schildert den Alltag im Waldkindergarten.

1 Wie alles anfing. Kleine Geschichte des Waldkindergartens

Die Bewegung der institutionalisierten Waldkindergärten ist von Dänemark ausgegangen. Den Stein soll Mitte der fünfziger Jahre Ella Flatau aus Sölleröd ins Rollen gebracht haben, indem sie täglich mit ihren Kindern in den Wald ging. Bald erkundigten sich Nachbarn, ob nicht auch ihre Kinder, für die sie keinen Kindergartenplatz bekommen hatten, mitkommen dürften. Also zog sie mit einer ganzen Gruppe von Kindern los. Weitere Eltern zeigten Interesse, und die Waldkindergruppe wurde zu einer festen Einrichtung. Die Eltern schlossen sich zunächst zu einer Initiative zusammen und richteten noch später den ersten Waldkindergarten ein.

1. Der Wiesbadener Waldkindergarten

In der Bundesrepublik gründete Ursula Sube in Wiesbaden den ersten privaten Waldkindergarten. Sie unterhielt ihn dreißig Jahre lang, von 1968 bis 1998. Als ein Bekannter für seine vier kleinen Kinder vergeblich einen Kindergartenplatz suchte, nahm sich die gelernte Schauspielerin der Kinder an und verbrachte mit ihnen den Vormittag im Wald. Der Waldkindergarten wurde sehr populär, zwischenzeitlich wuchs die Gruppe auf über fünfundzwanzig Kinder an. Wie stellten sich die Behörden zu dem Waldkindergarten? Gleich im Sommer 1968 hatte Frau Sube mit dem Jugendamt Kontakt aufgenommen. Die zuständige Referentin konnte zu dem Projekt nicht ja sagen, mochte es aber auch nicht verbieten, sodass der Waldkindergarten als Ausnahme hingenommen und stillschweigend geduldet wurde. Man machte möglichst wenig Aufhebens um das ungewöhnliche Arrangement. Alle Beteiligten hatten Interesse daran, dass die Sache über den Kreis der unmittelbar Interessierten hinaus nicht zu sehr publik wurde. In diesen Umständen liegt die Antwort auf die im Rückblick naheliegende Frage, warum dieser Prototyp des Waldkindergartens so lange keine Nachfolger gefunden hat? Man wusste einfach nicht davon.

Das änderte sich erst Ende der achtziger Jahre, als ein neuer Referent im Jugendamt diesen schwebenden Zustand vor allem aus aufsichtsrechtlichen Gründen nicht länger mehr glaubte hinnehmen zu können. Die von ihm geforderte zweite Aufsichtsperson überstieg jedoch die Möglichkeiten der privaten Initiative. Daraufhin kam es zu einem Ortstermin im Wald, bei dem sich Frau Sube mit ihrer Gruppe amtlich bestellten und um das Wohl der Kinder besorgten Experten gegenübersah. Diese schauten sich alles an und bestellten Frau Sube zu einem Gespräch ein. Dort geschah das Erstaunliche, dass sie ihr mitteilten, wie sehr sie von dem, was sie gesehen hatten, beeindruckt seien. Sie gratulierten ihr zu ihrer Arbeit und erteilten dem Waldkindergarten nun auch eine amtliche Betriebsgenehmigung. Frau Sube konnte weiterhin allein mit ihrer Gruppe in den Wald gehen, musste allerdings ein Handy mit sich führen; und ihr Waldkindergarten durfte eine Gruppenstärke von fünfzehn Kindern nicht mehr überschreiten. Im Jahr 1998 übergab Frau Sube ihren Waldkindergarten einer Nachfolgerin, die diesen ersten Waldkindergarten Deutschlands nun nach ihren eigenen Ideen weiterführt.

2. Die Waldkindergartenbewegung der neunziger Jahre

Bis in die frühen neunziger Jahre hinein existierten in der Bundesrepublik nur vereinzelt Waldkindergärten – ganz im Gegensatz zu Dänemark, wo das Beispiel Schule machte, sodass Waldkindergärten mit der Zeit einen festen Platz in der Kindergartenlandschaft Dänemarks eroberten. Als dann auch in der Bundesrepublik in den frühen neunziger Jahren Initiativen daran gingen, Waldkindergärten zu gründen, dienten die dänischen als Vorbild. Nicht von ungefähr entstanden damals die ersten deutschen Waldkindergärten der zweiten Generation in Flensburg (1993) und Lübeck (1994). Zeitgleich nahm in Berglen der erste baden-württembergische Waldkindergarten seine Arbeit auf.

Die meisten Waldkindergärten entstanden als Elterninitiativen. In anderen Fällen ergriffen freiberufliche Erzieherinnen die Initiative. Die Realisierung dieser Projekte ist nicht immer einfach. Wer einen Waldkindergarten betreibt, muss frühzeitig lernen, mit Widerständen und Provisorien zu leben.

Wie aufgeschlossen sich die Jugendämter gegenüber dem Wunsch zeigen, einen Waldkindergarten einzurichten und anerkennen zu lassen, hängt wesentlich mit der jeweiligen Bedarfsplanung zusammen. In dieser Hinsicht kam die Waldkindergartenbewegung möglicherweise um wenige Jahre zu spät. Mit der Änderung des § 24 Abs. 1 SGB VIII hat seit dem 1. Januar 1996 jedes Kind vom dritten Geburtstag an bis zum Schuleintritt Anspruch auf einen Kindergartenplatz. Die meisten Initiativen für Waldkindergärten entstanden also zu einem Zeitpunkt, als die Jugendämter ihre Planungen, die eine Vollversorgung gewährleisten sollten, gerade abgeschlossen hatten. Zudem gehen seit einigen Jahren die Geburtenzahlen wieder zurück. Der Bedarf an Kindergartenplätzen ist daher zumeist gedeckt. Hier und da kann es dazu kommen, dass zusätzliche Nachfrage entsteht: durch verstärkten Zuzug von Familien mit kleinen Kindern, durch den Ausbau eines neuen Stadtteils oder weil andere Träger, Kirchen oder Wohlfahrtsverbände, Einrichtungen schließen. Das ist aber natürlich nicht die Regel. In einer solchen Situation haben es Waldkindergärten schwer, als zusätzliche Einrichtung anerkannt und gefördert zu werden; oder sie müssen sich sorgen, nur auf begrenzte Zeit als vergleichsweise preiswerte Alternative geduldet zu sein und, sobald das Angebot an Kindergartenplätzen die Nachfrage übersteigt, als erste Einrichtung wieder geschlossen zu werden. Die befristeten Betriebsgenehmigungen, die die Jugendämter vor allem in den ersten Jahren der Waldkindergartenbewegung ausgesprochen haben, sind auch in diesem Zusammenhang zu sehen.

Auch regional gibt es große Unterschiede. Das hängt sowohl mit der Jugendpolitik der einzelnen Länder und Kommunen wie auch mit Fragen der Infrastruktur und der Besiedelung zusammen. So sind etwa die zuständigen Ministerien in Nordrhein-Westfalen, Hessen oder Baden-Württemberg bemüht, die Waldkindergärten unter bestimmten Bedingungen tatkräftig zu fördern. In Nordrhein-Westfalen rief das Ministerium für Frauen, Jugend, Familie und Gesundheit ein Projekt „Neue Wege in der Umwelterziehung" ins Leben, an dem sich Erzieherinnen aus Waldkindergärten und Vertreterinnen des Landesjugendamtes Westfalen-Lippe und der Kreisverwaltung Schwelm beteiligten. Sie trafen sich regelmäßig, um Erfahrungen auszutauschen und vorab verabredete Themen zu diskutieren. Abschließend stellte das Ministerium die Ergebnisse in einer Broschüre zusammen, die im Oktober 1998 erschien („Neue Wege in der Umwelterziehung. Erfahrungen aus einem Jahr Waldkindergärten in NRW"). Ebenfalls in Nordrhein-Westfalen fand im September 1997 in Bergisch Gladbach eine Fachtagung statt, die in einer umfang- und materialreichen Broschüre („Waldkindergärten in Nordrhein-Westfalen") dokumentiert wurde. Auch das Hessische Sozialministerium und das Stuttgarter Landesjugendamt, zusammen mit dem Landeswohlfahrtsverband Württemberg-Hohenzollern, brachten Broschüren heraus, die als Zeichen zu deuten sind, dass sie den Waldkindergärten vorbehaltlos und interessiert begegnen.

Bayern tut sich hingegen mit den Waldkindergärten schwer. Sie werden dort nach wie vor nur dann als reguläre Einrichtungen anerkannt, wenn ihnen auch außerhalb des Waldes ein Ausweichraum zur Verfügung steht, der den Jugendbehörden für die pädagogische Betreuung von Kindergartenkindern als geeignet erscheint. Bis heute hat daher nur eine deutliche Minderzahl der bayerischen Waldkindergärten eine amtliche Betriebserlaubnis. Doch der Eigenwille der Eltern und Erzieherinnen fügt sich nicht immer dem Willen der zuständigen Behörden. Nach dem Verzeichnis, das der Bundesarbeitskreis der Natur- und Waldkindergärten in Zusammenarbeit mit dem Naturschutz-Zentrum Hessen herausgibt, hat Bayern mehr Waldkindergärten als jedes andere Bundesland (aktuelle Auflage vom Februar 1999). Insgesamt führt das Verzeichnis 109 Waldkindergärten auf. Auf Bayern (23) folgen Niedersachsen mit 19, Schleswig-Holstein mit 17, Baden-Württemberg mit 16, Hessen mit 15, Nordrhein-Westfalen mit 12, Rheinland-Pfalz mit drei Waldkindergärten und Hamburg mit einem. Aus den neuen Bundesländern waren dem Bundesarbeitskreis Anfang 1999 mit Belzig, Dresden und Eichwalde nur drei Waldkindergärten bekannt. Die wirkliche Zahl der Waldkindergärten ist aber vermutlich beträchtlich höher. In Baden-Württemberg gab es zu diesem Zeitpunkt bereits 32 Waldkindergärten, 19 davon im Bereich des Landesjugendamtes Stuttgart (Stand: April 1999) und 13 im Bereich des Landesjugendamtes Karlsruhe (Stand: Dezember 1998). Mittlerweile ist die Zahl sogar auf 41 Waldkindergärten gestiegen (24 im Bereich des Landesjugendamtes Stuttgart, 17 im Bereich des Landesjugendamtes Karlsruhe; Stand: April 2000). Die Auskünfte aus den zuständigen Behörden der anderen Bundesländer deuten darauf hin, dass die Zahl der Waldkindergärten dort zumeist weniger schnell wächst. Insgesamt kann man davon ausgehen, dass es am Ende des vergangenen Jahrzehnts bereits rund 150 Waldkindergärten in Deutschland gegeben hat.

Der eben erwähnte Bundesarbeitskreis besteht seit November 1996 als loser Zusammenschluss von Personen, die in Natur- und

Waldkindergärten arbeiten, und lädt einmal im Jahr zu einem „Treffen aller Natur- und Waldkindergärten" ein. Er versteht sich als Anlaufstelle, die regional wie überregional Öffentlichkeitsarbeit betreibt, Fortbildungen durchführt, Kontakte knüpfen hilft und Informationen weitergibt, die bundesweit von Belang sein können – auch über das Internet.

3. Nicht alle Waldkindergärten sind gleich

Wenn in diesem Buch vom Waldkindergarten die Rede ist, dann ist immer der sogenannte reine Waldkindergarten gemeint. Als reine Waldkindergärten bezeichnet man Waldgruppen, die außerhalb des Waldes kein eigenes Gebäude besitzen und auch nicht an einen bereits bestehenden Kindergarten oder eine Kindertageseinrichtung angebunden sind. Der Kindergarten findet ganzjährig im Wald statt, nur für organisatorische Belange und bei extremen Bedingungen weicht man auf wetterfeste Räumlichkeiten aus. Gleichwohl sind Waldkindergärten eine normale Institution – mit allen damit verbundenen Verpflichtungen einerseits und den üblichen Förderungen durch öffentliche Mittel andererseits – oder streben das zumindest an.

Die Initiativen, die Mitte der neunziger Jahre das dänische Modell einer Früherziehung im Wald aufgriffen, starteten in der Regel als reine Waldkindergärten. Das war ein Schritt, der in seiner Neuheit und Radikalität viele Diskussionen auslöste. Gemessen an der kleinen Zahl der damaligen Waldkindergärten und der an ihnen beteiligten Eltern, Erzieherinnen und Kinder war das Echo ungewöhnlich groß. Das hatte einen doppelten Effekt: Zum einen verstärkte sich der Druck auf die bestehenden Regelkindergärten und ebenso das eigene Bedürfnis der dort arbeitenden Erzieherinnen, Aspekte einer naturnahen Elementarpädagogik in ihr Angebot zu integrieren. Auf der anderen Seite entstanden auf diesem Wege Kooperationen zwischen Waldkindergärten und Regelkindergärten. Die Kindergärten, die ihr naturpädagogisches Profil zu schärfen wünschten, standen also vor der Alternative, entweder selbst in den Wald zu gehen oder sich einen Waldkindergarten ins Haus zu holen. Natürlich ist das nur unter besonders günstigen Bedingungen möglich. Die meisten Einrichtungen sind räumlich nicht so großzügig ausgebaut, dass sie sich ohne weiteres einem bis dahin nicht eingeplanten Waldkindergarten als Basislager anbieten können. In den meisten

Fällen wird es zudem in der Nachbarschaft noch keinen Waldkindergarten geben. Auch verwaltungstechnische Probleme, Fragen der Trägerschaft, persönliche Vorbehalte und unterschiedliche pädagogische Auffassungen stehen solchen Kooperationen im Wege. Die andere Möglichkeit, dass ein Kindergarten selbst den Wald in sein Programm einbezieht, scheitert in vielen Fällen daran, dass der Wald zu weit weg ist.

Trotz dieser Schwierigkeiten ist durch die Waldkindergärten Bewegung in die Kindergartenlandschaft gekommen. So entstanden in den letzten Jahren eine Reihe von Mischformen:

■ Kooperation von Waldkindergarten und Kindertagesstätte:
Da Waldkindergärten nur vormittags geöffnet haben, ist es in der Regel nur Eltern, die nicht beide berufstätig sind, möglich, ihr Kind dorthin zu geben. Um diese Einschränkung aufzuheben, bemühen sich Waldkindergärten um die Zusammenarbeit mit Kindertagesstätten. Besonders günstig ist es, wenn beide Einrichtungen denselben Träger haben. Die Kinder, die auch über Mittag zu betreuen sind, können, nachdem sie den Vormittag im Wald verbracht haben, mit ihrer Erzieherin in die Einrichtung gehen, essen dort zu Mittag, ruhen dann und nehmen anschließend an dem normalen Programm teil. Die Eltern können wählen, ob sie ihr Kind direkt nach dem Waldkindergarten, um 14 Uhr oder erst am Ende des Tages abholen.

■ Erweiterung von Kindertagesstätten um eine
   Waldkindergartengruppe
Bei geeigneten Bedingungen kann sich eine Kindertagesstätte auch um eine Waldgruppe erweitern. Ein Beispiel dafür ist eine Einrichtung in Bergisch Gladbach. Da im Stadtteil immer noch eine Unterversorgung mit Kindergartenplätzen herrschte, zudem großzügig bemessene Räumlichkeiten zur Verfügung standen, die personelle Situation Spielraum ließ, die Tagesstätte ein großes Außengelände hat und vor allem direkt an ein Waldgebiet angrenzt, entschlossen sich die Mitarbeiterinnen, eine vierte Gruppe als Waldkindergarten einzurichten. Bereits einen Monat zuvor wurde ein Waldtag durchgeführt: Seitdem gehen jeden Mittwoch alle Kinder in den Wald. Die fünfzehn Kinder der Waldgruppe werden wie die anderen Kinder auch morgens von den Eltern in die Kindertagesstätte gebracht und bleiben dort bis neun Uhr. Dann machen sie sich mit ihren Walderzieherinnen auf den Weg. Wenn sie

möchten, können sie aber ebenso dableiben. Da die Kindertagesstätte gruppenübergreifend arbeitet, sind sie auch zu den Zeiten, zu denen sie sich im Haus befinden, nicht unter sich, sondern voll integriert. Einzelne Kinder können auch einmal vormittags an einem bestimmten Angebot im Haus teilnehmen. Auf der anderen Seite können sich Kinder der anderen Gruppen spontan entschließen, mit in den Wald zu kommen.

Eine andere Möglichkeit, Teile des Konzeptes Waldkindergarten in den Kindergartenalltag zu integrieren, besteht in der Einrichtung von Wandergruppen. Eine Kindertagesstätte in Dortmund geht mit knapp zwanzig Kindern drei Vormittage in der Woche in den Wald. Der Preis der Großstadt ist allerdings ein vergleichsweise langer Weg. Bis die Kinder etwa in ihrem Waldstück den Bach erreicht haben, der ein beliebtes

Ziel ist, haben sie bereits drei Kilometer zurückgelegt. Dass man die Waldgänge auf drei Vormittage beschränkte, mag auch mit dem anstrengenden Anmarsch zusammenhängen.

Kritiker der in Tageseinrichtungen integrierten Waldkindergärten wenden ein, dass dort gerade die Besonderheiten des Waldkindergartens verloren gehen können, indem die Kinder die Natur nur unter ausgewählten und erleichterten Bedingungen kennen lernen. Sie halten es für wichtig, dass die Kinder bei jedem Wetter und zu jeder Jahreszeit draußen sind. Die Versuchung, bei schlechtem Wetter im Haus zu bleiben, ist nicht nur für Kinder, sondern auch für Erzieherinnen groß und wird durch vorsichtige und mitfühlende Eltern noch bestärkt. Auch stellt sich die Frage, ob man Kindern die Wahl überlassen sollte. Früherziehung im Wald impliziert auch, den Reiz zu entdecken, der in der Einschränkung liegt. Eine Fülle an Angeboten, innerhalb derer der Wald nur ein Programmpunkt unter vielen ist, verträgt sich damit nicht unbedingt. Ein weiteres Problem besteht darin, dass gerade bei schlechtem Wetter, wenn die Kinder sich auf die Regelgruppen verteilen oder geschlossen ihr Ausweichquartier in der Tagesstätte beziehen, die Räume den Stammgruppen fehlen. Auch diese können dann ihren Bewegungsdrang nur eingeschränkt ausleben. Auf diese Weise gehe das integrierte Modell zu Lasten des traditionellen Kindergartens.

Auf der anderen Seite scheint ein relativ breiter Konsens darüber zu bestehen, dass die Waldkindergärten in ihrer reinen Form nicht mehr als ein Nischenangebot sein können, weil sie auf ein kontinuierliches überdurchschnittliches Engagement aller Beteiligten und gerade auch der Eltern angewiesen sind. Wollen sie dauerhaft bestehen und ihre pädagogischen Überzeugungen einem breiteren Kreis von Eltern, Erzieherinnen und Kindern nahebringen, so müssen sie auf die Regelkindergärten zugehen. Eine Zusammenarbeit bietet in den meisten Fällen auch eine so erhebliche organisatorische Entlastung, dass für die Waldkindergärten die Vorteile bei weitem überwiegen, solange sie nicht fürchten müssen, ihren besonderen Charakter zu verlieren.

■ Zeitlich befristete Waldprojekte in Kindertagesstätten und Kindergärten

Manche Einrichtungen beschränken sich darauf, von Zeit zu Zeit Waldtage oder Waldwochen aufs Programm zu setzen, was von den Kindern meist begeistert aufgenommen wird. Allerdings ist der organisatorische Aufwand für die Erzieherinnen zumindest am Anfang unverhältnismäßig hoch. Im Wald funktioniert manches anders. Vieles ist vorab zu klären und bereitzustellen. Der Wald erfordert auch eine spezielle Kleidung und Ausrüstung. Von all dem wird noch zu sprechen sein. Die gute Absicht allein reicht demnach nicht aus. Doch ist auch ein unvollkommen vorbereitetes Waldprojekt immer noch besser als gar keines, sofern die Natur und die Kinder nicht zu Schaden kommen.

■ Strandkindergärten

Nicht überall ist Wald. Aber wo kein Wald ist, ist vielfach etwas anderes, das Kinder in die Natur lockt und fasziniert: beispielsweise Strand. Kinder, die nicht an der Küste wohnen, kennen den Strand allenfalls aus dem Urlaub. Meistens ist es dann heiß und der Sand ist warm und trocken. Kinder, die am Meer aufwachsen, lernen den Strand auch von anderen Seiten und unter anderen Bedingungen kennen. Es liegt nahe, dies konsequent in den Mittelpunkt einer naturverbundenen Früherziehung zu stellen. So sind mittlerweile vereinzelt auch Strandkindergärten entstanden.

■ Farmkindergärten

Auch der Farmkindergarten stellt Möglichkeiten einer naturverbundenen Elementarpädagogik bereit. Hier bilden die Tiere eine besondere Attraktion. Dass der Farmkindergarten eng an die Idee des Waldkindergartens angelehnt sein kann, zeigt die Konzeption eines Projektes, das in Bremen Anfang 1999 von einer Elterninitiative gegründet wurde.

■ Naturkindergärten

Naturkindergärten können viele Gesichter haben. Der ihnen gemeinsame Grundgedanke ist dem des Waldkindergartens gegenläufig. Während es dort darum geht, in die Natur hinauszugehen, soll der Naturkindergarten die Natur in die Einrichtung hereinholen. Dieser Anspruch lässt sich auf ganz unterschiedliche Weise verwirklichen. Man legt Spielflächen im Freien unter ökologischen Gesichtspunkten an, rekultiviert Wiesen, schafft Wasserstellen und Biotope, hält Kleinvieh oder betreibt mit den Kindern einen kleinen Gemüsegarten. Viele Kindergärten oder Kindertagesstätten, die solche Schwerpunkte setzen, bezeichnen sich als Naturkindergärten. Aber auch manche Kindergärten, die konsequent ökologische Prinzipien in ihre Arbeit integrieren, verstehen sich als Naturkindergärten. Ihre Wurzeln haben diese Ansätze und Konzepte in der Ökologiebewegung, die den Umweltschutz seit Ende der siebziger Jahre für ein Jahrzehnt lang zu einem der wichtigen politischen Themen in der Bundesrepublik machte. Historisch gehen die Naturkindergärten in ihren verschiedenen Ausprägungen demnach den Waldkindergärten voraus. Da sie konzeptionell breiter angelegt sind, können sie die Betreuungswünsche einer breiteren Elternschaft befriedigen. Auch können sie einen guten Beitrag dazu leisten, Kindern ein ökologisches Bewusstsein zu vermitteln. Gleichwohl ist es immer eingehegte und dosierte Natur, die im Naturkindergarten vorkommt. Die Natur als das Andere, das zuzeiten auch einmal bedrohlich und übermächtig wirken kann, ist auf diese Weise nicht zu erfahren.

Übrigens gibt es auch Waldkindergärten, die sich Naturkindergärten nennen. Dem Namen nach sind Wald- und Naturkindergärten also nicht so klar unterschieden, wie sie es der Sache nach sein könnten. Dass sich Kindergärten, die typische Merkmale eines Naturkindergartens aufweisen, als Waldkindergarten bezeichnen, ist allerdings nicht bekannt. Insofern ist der Begriff Waldkindergarten auch in dieser Hinsicht schärfer als der Begriff Naturkindergarten.

2 Die pädagogische Idee des Waldkindergartens

Die Waldkindergärten entstanden unter anderem aus dem Bedürfnis, wieder einen selbstverständlicheren Bezug zur Natur zu gewinnen. Das geht nur, wenn man die Begegnungen mit der Natur nicht durchreglementiert und ihnen kein vorgefasstes Konzept aufzwingt. Man muss sich dem Rhythmus der Natur anvertrauen, um mit ihr vertraut zu werden. Insofern ist es folgerichtig, dass sich die Erzieherinnen in den Waldkindergärten bis heute auf keine einheitlichen pädagogischen Richtlinien verpflichtet haben. Gleichwohl griffen sie natürlich von Anfang an auf methodische Ansätze zurück, die sich für den Wald besonders eignen. Wie im Regelkindergarten auch ist der Bezugspunkt der pädagogischen Arbeit in erster Linie die Erfahrungs- und Erlebniswelt der Kinder. Im Vordergrund stehen deren Ideen, Interessen und Probleme. So kommt im Wald der situationsbezogene Ansatz verstärkt zum Tragen.

Gleichzeitig gehört die Waldkindergartenbewegung aber auch in eine ideengeschichtliche Tradition, die weit zurückreicht und seit Rousseau den immer rasanteren technischen Fortschritt und gesellschaftlichen Wandel als zivilisationskritische Gegenstimme begleitet. Rousseaus „Zurück zur Natur" weist auf das Unbehagen der Menschen in Lebensverhältnissen, in denen sie sich selbst immer fremder werden. Ist die Moderne ein großangelegtes und weithin erfolgreiches Programm mit dem Ziel, das Leben leichter zu machen, so ist der Verlust an Unmittelbarkeit, unter dem viele Menschen leiden, der psychologische Preis solcher Erleichterungen. Diesen Gedanken scheint die Pädagogik des Waldkindergartens aufzugreifen. Dort begibt man sich nicht nur dann in die Natur, wenn die Sonne scheint. Der Wald wird im Waldkindergarten nicht einseitig als Erholungsraum betrachtet, sondern umfassender als Lebenswelt. Das schließt auch negative Erfahrungen mit ein.

Die pädagogischen Ideen, die sich mit der Arbeit der Waldkindergärten verbinden, und die pädagogisch bedeutsamen Erfahrungen, die aus dieser Arbeit resultieren, sind in diesem Kapitel unter fünf Gesichtspunkten zusammengefasst.

1. Ohne Wände

Das Bezeichnendste am Waldkindergarten ist, dass er weder Türen noch Wände hat. Es ist schwer zu sagen, wo er beginnt und wo er aufhört. Es gibt keinen Ort im Wald, der nur Kindergarten ist. Im Gegensatz dazu ist der Regelkindergarten allein durch diesen Zweck bestimmt. Der Waldkindergarten ist groß und nach allen Richtungen offen. Er bietet den Kindern Möglichkeiten, sich zurückzuziehen, ohne den Kontakt zur Gruppe zu verlieren. Auch der Lärmpegel im Wald ist in der Regel gering. Zwischen den großen Bäumen und im Unterholz verlieren sich die Kinderstimmen. Hier gibt es keine Möglichkeit, so laut zu werden, dass alles von der eigenen Stimme widerhallt. Die Kinder erfahren sich in anderen Relationen. Das schafft Respekt und gleichzeitig Geborgenheit. Infolgedessen erleben Erzieherinnen und Eltern Kinder, die den Waldkindergarten besuchen, als ausgeglichener, stressfreier und weniger aggressiv als andere Kinder.

Sie scheinen auch Regeln leichter zu akzeptieren und einzuhalten. Das hat unter anderem damit zu tun, dass im Wald immer etwas Unvorhersehbares passieren kann. So können kleine oder größere Tiere auftauchen, von denen man nicht recht weiß, wie sie reagieren, wenn man sie aus Versehen aufscheucht. Auch mit Tieren, die eigentlich nicht in den Wald gehören, ist zu rechnen, etwa mit Pferden, vor allem aber mit Hunden. Solche und andere reale und eingebildete Gefahren tragen dazu bei, dass sich Kinder im Wald etwas vorsichtiger und weniger forsch verhalten als in einem Regelkindergarten, in dem sie jede Ecke kennen. Erzieherinnen berichten, dass sich die Kinder gerade in den ersten Tagen oft nur wenige Meter entfernen. Allmählich verliert sich diese Scheu. In gleichem Maße sammeln die Kinder aber auch Erfahrungen, die ihnen zeigen, dass man zu Schaden kommen kann, wenn man sich im Wald nicht an gewisse Regeln hält. Wenn man zu weit wegläuft, besteht die Gefahr, die Gruppe zu verlieren. Das ist für kein Kind eine angenehme Vorstellung. Wenn man seine Sachen achtlos herumliegen lässt und beispielsweise die kleine Isomatte am Frühstücksplatz vergisst, muss die ganze Gruppe umkehren, denn im Wald darf nichts zurückbleiben. Waldbeeren steckt man nicht einfach in den Mund und vor dem Essen wäscht man sich die Hände. Andernfalls kann man unter Umständen krank werden. Solche Regeln sind für Kinder nachvollziehbar, da sie mit unmittelbarem Erleben verbunden sind. Sie sind notwendig, damit alles gut funktioniert und alle gesund bleiben. Dass Kinder das verstehen, zeigt sich auch daran, dass sie anderen Kindern, die zu Besuch im Waldkindergarten sind, diese Regeln oft von sich aus erklären und sich auch untereinander darauf aufmerksam machen, wenn sie bestimmte Regeln außer Acht gelassen haben.

Begegnungen mit Tieren wie Spinnen oder Asseln, die oft Angst oder Ekel hervorrufen, sind im Wald selbstverständlicher. Deshalb können sich negative Gefühle auch mit der Zeit verlieren. Manche Kinder entwickeln zu den kleinen Waldbewohnern sogar eine solche Zuneigung, dass sie ihnen Gehege und gemütliche Nester bauen.

Im Wald schulen die Kinder ganz selbstverständlich ihre Sinne. Sie bringen sich bei, genau hinzuschauen und zuzuhören, alles sorgfältig zu ertasten und auch mit der Nase neue Eindrücke aufzunehmen. Dabei erfahren sie, dass sich die Natur ständig verändert. Das gilt für ihre kleinen wie für ihre großen Zyklen. Nie sieht ein Platz im Wald genauso aus wie am Vortag. Dafür sorgen die Einflüsse des Wetters und die Lebensgewohnheiten der Tiere. Und natürlich bietet die Lichtung, die beispielsweise als Frühstücksplatz beliebt ist, im Spätherbst ein anderes Bild als im Frühjahr. Die Kinder fragen sich, warum das so ist, was sich im Laufe des Jahres alles im Wald verändert und auf welche Weise. Immer wieder betonen Erzieherinnen, wie sehr der Wald der kindlichen Neugierde entspricht. Die Fülle von Fragen, die er aufwirft, geht unmittelbar aus der sinnlichen Wahrnehmung der Kinder hervor. Außerdem haben sie genug Zeit, alles genau zu untersuchen und sich ihre eigenen Gedanken zu machen.

2. Ohne Spielzeug

Der Wald bietet eine unerschöpfliche Fülle von Anregungen, aber kein fertiges Spielzeug. Keine Miniatureisenbahn schlängelt sich um Bäume und durchs Gebüsch. Keine Bälle liegen umher. Keine Kassettenrekorder sind aufgestellt, aus denen Geschichten ertönen; und nirgends ein Computerbildschirm.

Die Materialien, mit denen die Kinder im Wald spielen, sind nicht an sich attraktiv, sondern gewinnen ihren Wert erst dadurch, dass man ihnen eine Bedeutung gibt. Hier bewährt sich die Fähigkeit der Kinder, aus allem etwas zu machen. Aus einem Stock wird ein Schwert, das zudem mit den wundersamsten Eigenschaften ausgestattet ist. In einem anderen Spiel wird es zum Polizeimotorrad umfunktioniert. Wo ein Erwachsener einen gefällten Baum sieht, da sehen die Kinder einen Dinosaurier oder ein Segelschiff oder einen Schnellzug. Ein Tannenzapfen kann eine dicke Kartoffel sein, die sich ausgezeichnet mit anderen Materialen zu einer gehaltvollen Waldsuppe verarbeiten lässt. Als Herd dient ein abgesägter Baumstumpf. Der Tannenzapfen ist aber gleichzeitig auch eine Pistole oder er bildet zusammen mit anderen Tannenzapfen eine Schafherde, um die ein länglicher Stein kreist. Das ist der Schäferhund.

Weil die Dinge, die im Wald herumliegen, noch nicht auf einen Zweck festgelegt sind, bieten sie Kindern die Möglichkeit, kreativ zu werden. Sie erhalten so auf beiläufige Weise die Gelegenheit, ihren inneren Reichtum zu entfalten. So selbstverständlich sich das vollzieht, verschafft es Kindern nichtsdestoweniger eine tiefe innere Befriedigung. Sie erleben, wie ihre Phantasie sie auszufüllen vermag und dass sie sich in sie zurückziehen können. Sie stellen fest, dass sie ständig neue Ideen haben, die sich im gemeinsamen Spiel bewähren. Und sie erfahren, dass sie mit wenigen Dingen auskommen können, um sich in interessante Spiele zu vertiefen. Solch ein Refugium zu besitzen und damit von anderen Unterhaltungen unabhängig zu sein, macht selbstsicher. Insofern stellen die Erfahrungen, die Kinder beim Spielen im Wald machen, auch einen wichtigen Aspekt der Suchtvorbeugung dar.

Aber auch ganz ohne konkrete Materialien belebt der Wald die Phantasie der Kinder. Sie kennen ihn ja schon aus Märchen und Sagen, in denen er ein bevorzugter Schauplatz ist. So kann er, bei entsprechender Beleuchtung, schnell eine etwas unheimliche Aura entfalten. Wer kann schon mit Gewissheit sagen, dass nicht im nächsten Moment eine Hexe oder ein Riese aus den Bäumen hervortritt? Aber viele Kinder genießen diese Angstlust. Langweilig wird der Wald, in dem möglicherweise eine Hexe und hoffentlich auch eine Anzahl wohltätiger Geister wohnen, jedenfalls nicht.

3. Geschicklichkeit und Motorik

Zum Spielen gehört, dass die Kinder die Dinge des Waldes sammeln und weiterverarbeiten. Die meisten Kinder sind große Sammler. Sie halten nicht einen Tannenzapfen in der Hand, sondern so viele, wie sie

eben tragen können. Oder sie schleppen Äste herbei, aus denen einmal eine Hütte werden soll. Sind die Äste groß, muss man darüber nachdenken, wie sie sich am besten transportieren lassen. All das erfordert Übung und Geschick. Auch genügt es nicht, allein den großen Ast im Blick zu haben. Man muss auch das Gelände prüfen, um es sich nicht unnötig schwer zu machen. Und wer im Wald nicht auf den Boden achtet, der liegt bei einer unerwarteten Unebenheit rasch auf der Nase.

Heute haben Kinder im Vergleich zu früheren Generationen weitaus weniger Gelegenheiten, auf holprigem Untergrund zu rennen. In den Städten dominiert der Asphalt, Grünflächen sind begradigt. Und die meisten Kinder sind viel weniger draußen, als es noch ihre Eltern gewesen sind. Es gibt immer mehr übergewichtige Kinder, und viele können ihre Bewegungen nicht so kontrollieren, wie es ihr Alter erwarten ließe. Erzieherinnen beobachten, dass viele Kindergartenkinder sich, wenn sie hinfallen, noch nicht mit den Händen abfangen können. Natürlich fallen diese Kinder härter. Erfahrungen dieser Art vermitteln ihnen das Gefühl, dass sie sich auf ihren Körper nicht verlassen können. In der Folge trauen sie sich noch weniger zu.

Der Waldkindergarten bietet Kindern vielfältige Gelegenheiten, ihre motorischen Fähigkeiten zu entwickeln. Da sie immer wieder hinaus in den Wald ziehen, gibt es keinen Grund, vorzeitig zu resignieren, wenn etwas nicht gelingt. Der Wald stellt ein ideales Übungsgelände dar. Damit sich Kinder, die im Wald ihre Beweglichkeit und ihre Körperkräfte erproben, nicht verletzen, bedarf es auch hier einiger klarer Regeln. Wenn Steine fliegen und Kinder mit Stöcken fuchteln, ist das natürlich gefährlich. Gerade mit Stöcken, die sie in Augenhöhe halten, können Kinder ohne Absicht viel Unheil anrichten. Dass es dennoch in Waldkindergärten offenbar kaum zu Zwischenfällen kommt, liegt wohl daran, dass Kinder auch in diesem Punkt klare Regeln nachvollziehen und akzeptieren. Zudem geht von geschickten Kindern für ihre Spielkameraden natürlich eine geringere Verletzungsgefahr aus. Vielleicht sorgt die bessere Körperbeherrschung der Waldkinder mit dafür, dass sie im Wald oft sicherer sind als ihre Altersgenossen im Regelkindergarten.

Im Wald haben Kinder Platz zum Laufen. Es gibt Anhöhen, die sie erklimmen, und Felsen, auf denen sie herumklettern können, sowie Bäche, die sie überspringen oder überqueren, indem sie von Stein zu Stein balancieren und jeweils prüfen, ob der Stein lose sitzt oder ob er genügend Halt gibt. Niemand bezweifelt, dass der Wald alle Voraussetzungen bietet, um die Grobmotorik zu trainieren. Die Skeptiker fragen aber, ob er auch genügend Anlässe bereithält, feinmotorische Fähigkeiten auszubilden.

Sicherlich tauchen im Programm des Waldkindergartens seltener bewährte Methoden der Elementarpädagogik auf, mit denen gezielt die Feinmotorik geschult wird. Die Umgebung setzt Prioritäten. Es ist allerdings nicht so, dass der Wald gar keine Anregungen und Aufgaben bereithält, feine Bewegungen zu üben. Im Gegenteil. Beispielsweise ist es gar nicht so leicht, eine einzelne Fichtennadel vom Waldboden aufzuheben. Wer Blumen zu einem Kranz flechten will, benötigt ebenfalls viel

Geschicklichkeit. Türme und andere Gebäude und Konstruktionen kann man auch mit Hilfe von Dingen, die im Wald umherliegen, bauen. Es ist sogar schwieriger als mit regelmäßig geformten Bauklötzchen. Auch ein Staudamm am Bach lässt sich nicht nur mit grobem Material errichten. Sollen dort auch kleine Schiffe verkehren, so muss man welche anfertigen, die vielleicht Zahnstocher als Masten und Blätter als Segel haben. Überhaupt haben die Kinder früherer Generationen ganze Bauernhöfe mit all ihren verschiedenen Tieren aus Bucheckern, Eicheln, Tannenzapfen und Hölzern gebastelt. Wenn die Eltern nicht mehr wissen, wie man das macht, kann man die Großeltern fragen.

Kinder, die einen feinmotorischen Nachholbedarf haben, müssen gezielt gefördert werden. Hilfreich ist es hierbei, auch die Eltern einzubeziehen.

Zur Bewegungserziehung gehört auch die Gesundheit. Von ihr ist im 15. Abschnitt des nächsten Kapitels ausführlich die Rede. Daher soll an dieser Stelle der Hinweis genügen, dass die Eltern, die Waldkindergärten ins Leben gerufen haben oder ihre Kinder dorthin schicken, natürlich die Erwartung hegen, dass der Aufenthalt im Freien ihre Kinder gesundheitlich stabilisiert. Vieles spricht dafür, dass diese Hoffnung zumindest teilweise gerechtfertigt ist.

4. Soziales Lernen

Immer wieder heben Erzieherinnen hervor, dass sich im Wald das Sozialverhalten der Kinder besonders gut entwickle. Auch wenn das Waldstück, in dem sie sich aufhalten, mit seinen gebahnten Wegen und seiner planmäßigen Forstwirtschaft kein undurchdringlicher Urwald fernab jeder Zivilisation ist, so ist die Waldkindergartengruppe doch in vielem auf sich gestellt. In dieser Lage entwickeln die Kinder einen starken Zusammenhalt und großen Eifer, sich gegenseitig zu helfen. Haben sie dann mit eigenen Mitteln gemeinsam etwas erreicht, so empfinden sie innere Befriedigung. Sie übernehmen nicht nur für sich und ihre eigenen Sachen, sondern auch für ihre Spielkameraden Verantwortung, indem sie sie an Regeln erinnern oder ihnen aus einer Patsche helfen.

Zum Sozialverhalten gehört ferner die Frage, inwieweit die pädagogische Praxis im Waldkindergarten geschlechtstypische Rollenmuster abbauen hilft. Bisherige Erfahrungen weisen darauf hin, dass die Kinder dort zwar auch rollentypisch agieren, aber eben nicht in dem Maße, wie man das sonst beobachten kann. Mädchen verhalten sich im Wald oft genauso wild wie Jungen.

Positiv auf das Sozialverhalten wirken sich die gegenüber dem Regelkindergarten tendenziell geringeren Gruppengrößen aus. So können die Kinder die Gruppe überschauen, leichter untereinander Kontakt aufnehmen und Konflikte einfacher lösen. Nicht nur die Kinder schenken einander in einer kleineren Gruppe höhere Aufmerksamkeit, sondern auch die Erzieherinnen haben mehr Muße, sich jedem einzelnen Kind zuzuwenden. Gleichzeitig orientieren sich die Kinder – mehr als im

Regelkindergarten – in besonderer Weise an ihnen. Daher haben die Erzieherinnen die Möglichkeit, im Wald allein durch ihr Vorbild stark auf die Kinder einzuwirken. So bietet der Wald besonders günstige Bedingungen, gegenseitiges Vertrauen und wechselseitige Verlässlichkeit auszubilden sowie einen festen Zusammenhalt zu entwickeln.

Das Zusammengehörigkeitsgefühl wird auch dadurch gefördert, dass die Erzieherinnen im Wald zusammen mit den Kindern die Räume gestalten. Ebenso wie im Regelkindergarten kann sich im Wald eine besonders gemütliche Stelle am Rande einer sonnenüberfluteten Lichtung als Kuschelecke bewähren, wenn auch vielleicht nicht das ganze Jahr über. Viele Plätze im Wald haben, bei aller natürlichen Veränderung von Tag zu Tag, einen eindeutigen und gleichbleibenden Charakter, den die Kinder schnell ermitteln. So gibt es bei allem Wechsel im Wald auch Dauer.

Erzieherinnen und Kinder können sich im Waldkindergarten auch deshalb einander intensiver zuwenden, weil hier die organisatorische und die pädagogische Arbeit, anders als im Regelkindergarten, nicht zusammenfällt. Dadurch nimmt allerdings die Vorbereitung für den Waldkindergarten zusätzlich viel Zeit in Anspruch.

Zuletzt scheint die Ruhe des Waldes, die sich seinen Besuchern vermittelt, wesentlich dazu beizutragen, dass Erzieherinnen wie Kinder dort ausgeglichener und zufriedener sind. Einige Erzieherinnen berichten, dass sie sich sehr gut vorstellen könnten, im Wald noch lange pädagogisch tätig zu sein. Das ist für Erzieherinnen keine selbstverständliche Aussage, fühlen sich doch viele von ihnen schon nach wenigen Jahren berufsmüde und äußern den Wunsch, etwas anderes zu beginnen.

5. Umweltbildung

Innerhalb der pädagogischen Idee des Waldkindergartens, die in diesem Kapitel in Ansätzen beschrieben wurde, ist natürlich der Gedanke der Umweltbildung besonders wichtig. Dabei geht es nicht um eine sentimentalische Idealisierung der Natur als „gute Natur" und als schön. Eine solche Haltung ist vielmehr symptomatisch für eine schon weit fortgeschrittene Entfremdung von der Natur, die der Waldkindergarten ja gerade abbauen helfen will. Seine Pädagogik setzt darauf, dass Kinder schon im Vorschulalter erleben und begreifen, wie der Mensch mit seiner natürlichen Umwelt verbunden und dass er auf die Natur angewiesen ist. Diese Erfahrung ist unter den heutigen Lebensverhältnissen nicht mehr selbstverständlich. Dass die Eingriffe der Menschen in die Natur auf ihre Lebensverhältnisse zurückwirken, ist seit Beginn der allgemeinen umweltpolitischen Diskussion vor etwa 25 Jahren jedem bewusst. Nur bleibt es zumeist ein theoretisches Wissen, das auf die Lebensführung der Einzelnen kaum Einfluss hat, weil ihre Lebensbedingungen es ihnen schwer machen, im Einklang mit der Natur zu leben, und weil andererseits die Gesellschaft Umweltprobleme vielfach dadurch zu lösen versucht, dass sie noch entschiedener als zuvor in ihr natürliches Gleichgewicht eingreift.

Mittlerweile ist man bemüht, das zu ändern. Das lässt sich an der vergleichsweise jungen Geschichte der Diskussion um eine geeignete

Umweltpädagogik ablesen. Die Debatte kam in den frühen siebziger Jahren auf und führte in der Bundesrepublik dazu, dass die Umwelterziehung Mitte der siebziger Jahre in die schulischen Lehrpläne aufgenommen wurde. Diese Erziehung fand in den Klassenzimmern statt und beschränkte sich auf die naturwissenschaftlichen Fächer. Erst Mitte der achtziger Jahre begann man, die Umwelterziehung teilweise in der Natur selbst anzusiedeln und sie auf andere Fächer wie Geschichte oder Religion, später dann auch Ethik, auszudehnen. Damit kamen neue Perspektiven ins Spiel, die immer stärker den Begriff der Nachhaltigkeit betonten. In den neunziger Jahren entwickelte sich schließlich mit einiger Verspätung auch ein breites Spektrum außerschulischer Umweltbildungsangebote, die seither eine rasante Entwicklung genommen haben. Die Waldkindergärten gehören in diesen Kontext.

Die Idee der Nachhaltigkeit *(sustainability)* war im Zuge der großen Umweltkonferenz der Vereinten Nationen in Rio de Janeiro im Jahre 1992 ins Zentrum der internationalen Umweltpolitik gerückt.

178 Regierungen haben die Abschlusserklärung des Umweltgipfels von Rio unterzeichnet. Diese Agenda 21 ist als dynamisches politisches Aktionsprogramm für das 21. Jahrhundert gedacht. Die Regierungen haben sich verpflichtet, die dort festgeschriebenen Ziele zu erfüllen. Aber auch die Kommunen werden von der Agenda 21 in die Pflicht genommen. In Kapitel 28 werden sie ausdrücklich aufgefordert, eine lokale Agenda zu erstellen und zusammen mit Bürgern und Unternehmen umzusetzen. Waldkindergärten tragen dazu bei, diesen Auftrag wahrzunehmen und sollten sich daher der tatkräftigen Unterstützung durch die Kommunen erfreuen können.

Kindergartenkinder sind für Naturerfahrungen besonders empfänglich. Kein Alter, versichern Psychologen und Umweltpädagogen, sei geeigneter, ein lebenslanges intensives Verhältnis zur Natur aufzubauen. Viele Prognosen sagen voraus, dass der Umgang mit den natürlichen Ressourcen eine Schlüsselfrage des 21. Jahrhunderts sein wird. Kinder, die einen Waldkindergarten besucht haben, sind für solche Zukunftsfragen, die mehr und mehr auch eine große wirtschaftliche Bedeutung haben werden, sicherlich gut gerüstet.

Zur Frage, wie eine Umweltbildung mit dem Leitbild der Nachhaltigkeit konkret aussehen kann, gibt es mittlerweile eine erschöpfende Fülle an Literatur. Ein paar Titel sind im Literaturverzeichnis genannt. Entscheidend ist, dass Kinder schon im Vorschulalter viele unmittelbare Erlebnisse in und mit der Natur haben. Dabei sammeln sie eigene Eindrücke und beobachten zudem, wie sich Erzieherinnen und Eltern in der Natur verhalten. Von Bedeutung ist aber nicht nur, dass die Erwachsenen auf die Kinder einwirken, sondern auch, dass diese umgekehrt den Raum haben, ihren eigenen Enthusiasmus für die Natur an Eltern und Erzieherinnen weiterzugeben. Auf diese Weise können sich Kinder nicht nur an Vorbildern orientieren, sondern selbst Vorbilder sein. Beides ist wichtig. Beides lernen die Kinder im Waldkindergarten.

6. Bedenken gegen Waldkindergärten

Der Waldkindergarten hat nicht nur Befürworter. Wo über ihn nachgedacht wird, werden immer auch Bedenken laut. Die Skepsis bezieht sich gleichermaßen darauf, ob mit der Institution des Waldkindergartens dem Wohl des Waldes und dem Wohl der Kinder gedient sei.

Die Skeptiker fragen: Geht der Waldkindergarten nicht auf Kosten der Natur? Bedroht er nicht geschützte Tierarten und seltene Pflanzen? Verursachen die Kinder im Wald nicht so viel Lärm, dass die Tiere verschreckt und vor allem bei der Aufzucht ihrer Jungen gestört werden? Sind überhaupt lange Anfahrten mit dem Auto, wie sie in Stadtgebieten oft unumgänglich sind, ökologisch vertretbar? Und braucht man auf der anderen Seite in ländlichen Gebieten, in denen die Kinder ohnehin viel draußen sind, überhaupt Waldkindergärten? Sind, wenn man sich nun den Kindern zuwendet, diese im Wald nicht einer hohen Unfallgefahr ausgesetzt? Und: was lernen sie denn im Wald? Bereitet der Waldkindergarten die Kinder ausreichend auf die Schule vor? Ist das pädagogische Angebot, das sich im Wald durchführen lässt, nicht zu schmal, zu einseitig? Werden Kinder im Wald nicht weltfremd?

Manche dieser Fragen wurden bereits im ersten Kapitel angeschnitten, andere werden wir im dritten Kapitel wieder aufgreifen. Dabei wird sich, um es vorwegzunehmen, zeigen, dass eine Waldkindergruppe für den Wald keine nennenswerte Belastung sein muss. Die Förster wenigstens haben normalerweise keine Bedenken, sofern sich die Gruppe an die Regeln hält, die für den Aufenthalt im Wald gelten. Dass Waldkindergärten dort, wo sie für Kinder einen besonders wichtigen Erfahrungsraum darstellen würden, also in städtischen Ballungsräumen, am schwersten zu realisieren sind, ist sicher zutreffend. Das ist jedoch kein grundsätzlicher Einwand, sondern lediglich ein logistisches Problem. Ob die Kinder sich im Wald häufiger und schwerer verletzen, kann man heute noch nicht zuverlässig beantworten. Die bisherigen Erfahrungen gerade auch in Kindertagesstätten, die neben ihren Regelgruppen noch eine Wandergruppe eingerichtet haben, bezeugen jedoch eher das Gegenteil. Unzweifelhaft ist, dass im Wald andere Aktivitäten im Mittelpunkt stehen als im Regelkindergarten. Das bedeutet aber nicht, dass die Spanne der Beschäftigungen, denen Kinder im Wald nachgehen, zu schmal oder ungenügend ist, sie auf die Schule vorzubereiten.

Das Thema Vorbereitung auf die Schule bereitet auch manchen Eltern Sorge. Da bislang noch nicht viele Kinder, die ihre ganze Kindergartenzeit im Wald verbracht haben, eingeschult sind, liegen auch für diese Frage noch keine repräsentativen Studien vor. Einen ersten Schritt hat Prof. Dr. Roland Gorges von der Fachhochschule Darmstadt unternommen, der 1999 auf Anregung des Landesjugendamtes Hessen die Schulfähigkeit ehemaliger Waldkindergartenkinder untersucht hat.

Dabei handelte es sich um eine zwar sehr kleine Gruppe von fünf Kindern, die aber dafür aussschließlich den Waldkindergarten besucht hatten. Gorges kommt zu dem Ergebnis, dass Kinder aus Waldkindergärten keine typischen Defizite aufweisen, die ihre Schulfähigkeit einschränken. Im Gegenteil gewann er den Eindruck, dass sie für ihr Alter überdurchschnittlich reif seien, was ihr Sozialverhalten, ihre Lernmotivation und die Entwicklung ihres Lernverhaltens anbelange.

Dass die Waldkinder in den Grundschulen offenbar sogar eher positiv auffallen, könnte allerdings auch damit zusammenhängen, dass bereits ihr familiärer Hintergrund zumeist überdurchschnittlich günstig und anregend ist. Insbesondere finanziell unabhängige Eltern mit gehobenem Bildungsniveau scheinen sich für die Idee des Waldkindergartens zu interessieren. Sie entscheiden sich für ein Konzept, das nicht Standard ist und nehmen in der Regel kürzere Öffnungszeiten und höhere Ausgaben in Kauf. Das bedeutet auch, dass Waldkindergärten in ihrer sozialen Schichtung weniger vielfältig sind als Regelkindergärten. Dieses Dilemma wird bis auf weiteres nicht zu beheben sein. Andererseits stellt es das Konzept auch nicht grundsätzlich in Frage.

Aber, so der letzte Einwand der Skeptiker, werden die Kinder im Wald nicht weltfremd? Sicher, nach zwei oder drei Jahren kennen sie ihren Wald. Aber kennen sie sich auch aus, wenn rechts und links nicht Bäume, sondern Häuser stehen? Sind sie nicht überfordert mit dem Verkehr in den Wohngebieten? Halten sie, aus der Ruhe ihres Waldes kommend, der Hektik und dem Lärm der Städte stand? Auch Kinder, die den Waldkindergarten besuchen, verbringen die weitaus größere Zeit des Tages außerhalb des Waldes. Am Nachmittag spielen sie mit Geschwistern und Freunden und zwischendurch sitzen auch sie sicher lange genug vor dem Fernseher, um mitreden zu können, wenn sich andere Kinder über Zeichentrickserien unterhalten. Sie begleiten ihre Mütter in die Stadt zum Einkaufen und interessieren sich wie andere Kinder für den Computer des Vaters. Oder sie gehen mit ihrem Vater einkaufen und spielen mit dem Computer der Mutter. Kinder, die den Waldkindergarten besuchen, sind in den meisten Belangen ganz wie andere Kinder auch. Sie haben nur darüber hinaus noch einen weiteren Ort, an dem sie sich zu Hause fühlen und der ihnen Erfahrungen vermittelt, die sie sonst nirgends finden. Das kann kein Nachteil sein.

3 Was alles zu einem Waldkindergarten gehört

Organisatorisch unterscheidet sich der Waldkindergarten erheblich von einem Regelkindergarten. Seine beiden auffälligsten Merkmale sind: Die Kinder halten sich mit den Erzieherinnen im Wald auf und verzichten auf ein eigenes Gebäude. Aus diesen Hauptmerkmalen ergeben sich eine Reihe weiterer Bedingungen, die in diesem Kapitel in zwanzig Punkten aufgeführt und erläutert sind.

1. Der Wald

Voraussetzung für den Waldkindergarten ist ein geeigneter Wald. Der Anmarsch- oder Anfahrtsweg sollte nicht zu lang sein. Am besten ist es natürlich, wenn alle Eltern zu Fuß zum Waldrand gehen können. Da dies vor allem in Städten nicht der Fall ist, sollte er zumindest mit öffentlichen Verkehrsmitteln zu erreichen sein. Notfalls kann man Fahrgemeinschaften bzw. einen Bring- und Abholdienst einzelner Eltern organisieren.

Wichtig ist, dass der Wald selbst ausreichend groß ist, damit er für die Kinder anhaltend interessant bleibt und selbst nicht überbelastet wird. Als Landschaft und in seinem Bewuchs sollte er abwechslungsreich sein, gleichzeitig jedoch überschaubar, damit die Erzieherinnen die Kinder im Auge behalten können. Die Bäume sollten also nicht zu eng stehen, das Unterholz nicht zu dicht sein. Ungünstig sind Waldstücke, die als Ausflugsziel stark frequentiert sind. Ebenso wenig eignen sich solche, die in erster Linie als Hundeklo dienen; nicht nur, weil der Wald durch den Kot verunreinigt ist, sondern auch, weil sich kleine Kinder vor freilaufenden Hunden fürchten.

Vorab ist auch zu klären, ob der Wald frei von Schadstoffen, Altlasten und Kriegsmunitionen ist. Auskunft hierüber gibt das zuständige Umweltamt. Manchmal kann man nur Teile eines Waldes betreten, da andere verseucht sind. In diesen Fällen ist der Unsicherheitsfaktor natürlich groß und es erweist sich als sinnvoll, die zuständigen amtlichen Stellen genau zu befragen, den aktuellen regionalen Umweltbericht zu studieren, bei Naturschutzverbänden Informationen einzuholen und gegebenenfalls auch die Presse einzuschalten, die über bessere Mittel verfügt, einer solchen Sache auf den Grund zu gehen.

Man muss nicht unbedingt einen richtigen Wald zur Verfügung haben. Auch ein Stadtwald oder parkähnliche Anlagen können waldkindergartengerechte Bedingungen bieten. Ein weitgehend naturbelassener Stadtpark ist unter Umständen urwüchsiger als ein sauber aufgeforstetes Waldstück.

Stadtwälder und ähnliche Anlagen gehören den Kommunen. Ihr Einverständnis muss man einholen, wenn man den Stadtwald regelmäßig für eine Waldgruppe nutzen möchte. Manchmal ist das mit bestimmten Auflagen verbunden, mit einer Ablehnung ist aber kaum zu rechnen, da städtische Grünanlagen normalerweise allen Bürgern offen stehen. Ähnlich verhält es sich mit dem Wald, sofern er im Staatsbesitz ist. Hier ist das Forstamt bzw. die untere Forstbehörde zu informieren. Aber auch ein Förster kann in der Regel kein Verbot aussprechen. Die Nutzung der Wälder unterliegt in erster Linie den Bestimmungen der Bundesländer. Sogenannte Landesforst- oder Landeswaldgesetze regeln die Ausnahmesituationen, in denen das allgemeine Betretungsrecht des Waldes vorübergehend eingeschränkt werden kann. Landschaftsgesetze formulieren hingegen allgemeine Ziele zum Schutz der Natur und zur Pflege der Landschaft und legen fest, wie sich der Einzelne im Wald zu verhalten hat.

Befindet sich der Wald in Privatbesitz, muss man den Eigentümer um seine Erlaubnis bitten, den Wald mit einer Kindergruppe zu nutzen. Aber auch ein privater Eigentümer kann nicht willkürlich über seinen Wald verfügen. Will er die Öffentlichkeit ausschließen, so ist das nur zeitweise und unter Angabe triftiger Gründe möglich, die meist mit der Pflege der Landschaft zusammenhängen. Die Behörden wachen darüber, dass der Wald nach Ablauf solcher Zeiten wieder allgemein zugänglich gemacht wird.

2. Der Förster

Niemand kennt den Wald besser als der zuständige Förster. Niemand kann einer Erzieherin im Wald die Arbeit so erleichtern wie er. Niemandem wird es aber auch so gut möglich sein, einer Gruppe den Wald zu verleiden wie einem Förster, in dessen Wald man unwillkommen ist. Man tut also gut daran, den Förster frühzeitig für die eigene Sache zu gewinnen, was aber offenbar nicht sehr schwer ist. Bei Förstern scheinen Kinder zu den willkommensten Besuchern im Wald zu zählen. Ein Grund dafür liegt sicherlich darin, dass die Förster in der frühen Umwelterziehung eine wichtige Voraussetzung für den verantwortungsvollen Umgang mit der Natur auch im Erwachsenenalter sehen, nicht zuletzt deshalb, weil die direkte sinnliche Erfahrung im Wald stärkere Spuren hinterlässt als ein aus Büchern gewonnenes Wissen. Einige

Förster bedauern es, dass sie sich nicht mehr Zeit für die Fragen der Kinder nehmen können, da sie ein großes Gebiet zu versorgen haben.

Das Wild wird in der Regel durch eine Kindergruppe nicht beeinträchtigt. Viele Waldgebiete werden ohnehin als Naherholungsgebiete stark frequentiert, sodass der Waldkindergarten nicht sonderlich ins Gewicht fällt.

Der beständige Kontakt mit dem Förster ist auch wichtig, um im Voraus über Veränderungen im Wald wie anstehende Waldarbeiten oder Jagdzeiten informiert zu sein. Auch nach schweren Unwettern wendet man sich am besten an den Förster, um zu erfahren, ob der Wald wieder gefahrlos begehbar ist. Mit diesen Informationen kann man sich die Planung sehr erleichtern. Durch seine Kenntnis der einschlägigen Verordnungen und seine langjährigen praktischen Erfahrungen kann der Förster die Erzieherinnen im Wald davor bewahren, unwissentlich gegen Bestimmungen zu verstoßen. Trotz des Rechtes, sich im Wald frei zu bewegen, darf man etwa Forstkulturen und Pflanzgärten nicht betreten. Auch geschützte Waldgebiete wie Bannwald, Schonwald oder Biotopschutzwald müssen, wenn entsprechende Verordnungen gelten, gemieden werden. In der Regel darf man im Wald nicht zelten, und in Naturschutzgebieten sind naturschutzrechtliche Bestimmungen zu beachten.

Dass man dem Wald mit seinen Tieren und Pflanzen nicht mutwillig oder fahrlässig schaden darf, versteht sich von selbst. Der Förster kennt jedoch die genauen Verhaltensregeln. Man darf beispielsweise keine geschützten Pflanzen ausreißen. Deshalb sollte man wissen, welche Pflanzen geschützt sind. Waldfrüchte und Waldpflanzen darf man sich nur in begrenztem Umfang aneignen. Ein Handstrauß gilt als zulässig. Gekennzeichnete Gefahrenbereiche muss man meiden. Zäune darf man weder übersteigen noch öffnen. Jagdliche Einrichtungen wie Hochsitze darf man nicht betreten. Auch soll man in der Dämmerung und zu Zeiten der Jungenaufzucht Zurückhaltung üben. Das setzt wiederum voraus, dass man diese Zeiten kennt. Erholungseinrichtungen wie Waldhütten sind pfleglich zu behandeln. Alle Abfälle sind mitzunehmen und außerhalb des Waldes zu entsorgen. Man darf nicht überall seine Bratwurst grillen, offenes Feuer ist nur auf eingerichteten und gekennzeichneten Feuerstellen erlaubt. Man darf im Wald nicht rauchen. Man darf nicht einfach mit einem Privatwagen in den Wald hineinfahren. Und schließlich darf man den Wald nicht so auf den Kopf stellen, dass sich andere Waldnutzer vor lauter Trubel dort nicht mehr erholen können.

Auf diese und andere Punkte kann man sich vom Förster hinweisen lassen. Ist er den Erzieherinnen gewogen, so wird er ihnen gerne helfen, Fehler im Wald zu vermeiden. Voraussetzung für eine gute Zusammenarbeit ist jedoch, die Förster frühzeitig in die Aktivitäten im Wald einzubinden und ihre Zuständigkeit anzuerkennen.

3. Rechtliche Grundlagen

Wald- und Landschaftsgesetze, die eben erwähnt wurden, bilden nur einen Teil der rechtlichen Grundlagen des Waldkindergartens. Erforderlich ist zunächst die rechtliche Anerkennung eines Waldkindergartens als Einrichtung im juristischen Sinne. Dies setzte bislang das Vorhandensein eines festen Gebäudes voraus. Der Gesetzgeber argumentierte, eine Auslegung des Einrichtungsbegriffs, die ausschließlich am Betreuungszweck orientiert sei und auch ambulante Maßnahmen wie Kinderbetreuung bei Spaziergängen und Ausflügen einschließe, würde dem Schutzbe-

dürfnis der betreuten Minderjährigen nicht gerecht. Auch könne das Landesjugendamt so nicht seiner Aufsichtspflicht nachkommen.

Diese Rechtsauffassung entstand zu einem Zeitpunkt, als die Waldkindergärten in Deutschland noch keine Rolle spielten. Legt man den eingeengten Begriff von Einrichtung zugrunde, so wären Waldkindergärten weder erlaubnispflichtig noch förderungswürdig. Sie blieben reine Elterninitiativen, für die sich der Staat nicht zuständig fühlt. Gegen eine solche Haltung spricht allerdings das im § 5 des Kinder- und Jugendhilfegesetzes (SGB VIII) verankerte Wunsch- und Wahlrecht der Eltern. Dort wird zugesichert, dass die Leistungsberechtigten das Recht haben, zwischen Einrichtungen und Diensten verschiedener Träger zu wählen und Wünsche zu äußern, wie die Hilfe gestaltet sein soll. Diesen Wünschen solle entsprochen werden, sofern dies nicht mit unverhältnismäßigen Mehrkosten verbunden sei. Die Leistungsberechtigten seien auf dieses Recht hinzuweisen.

Dass der Waldkindergarten nicht mit unverhältnismäßigen Mehrkosten verbunden, sondern eine eher kostengünstige Form der institutionellen Kinderbetreuung ist, liegt auf der Hand. Wir kommen noch darauf zurück. Nur für den Fall, dass in einem Versorgungsbereich die Kindergärten unterbelegt sind, entstehen durch einen zusätzlichen Waldkindergarten neue Kosten. Da aufgrund der politischen Vorgaben die Versorgungslücken seit den frühen neunziger Jahren meist energisch geschlossen worden sind, kommt dieser Fall allerdings häufig vor. Aber auch hier schreibt der Gesetzgeber vor, dass die Eltern nach Möglichkeit über die Ausrichtung der Einrichtungen mitentscheiden dürfen sollen. Im § 10 (Planung) des Gesetzes über Tageseinrichtungen für Kinder (GTK vom 29. 10. 1991 in der Fassung vom 12. 12. 1995) heißt es, die Wünsche der Erziehungsberechtigten der im Einzugsbereich wohnenden Kinder, die innerhalb der nächsten Jahre zum Nutzerkreis der Einrichtung gehören können, seien hinsichtlich der Grundrichtung der Erziehung zu berücksichtigen, sofern dies nicht unverhältnismäßige Mehrkosten verursache. Ein Minderheitenschutz sei angemessen zu gewährleisten. Gegebenenfalls wäre demnach zu prüfen, ob man nicht beispielsweise eine Gruppe innerhalb eines bestehenden Kindergartens in eine Waldkindergruppe umwandeln kann.

Das Wunsch- und Wahlrecht der Eltern gibt den zuständigen Jugendämtern also die Pflicht auf, auch Waldkindergärten in der institutionellen Anerkennung und Förderung zu berücksichtigen. Als in Berglen im

Rems-Murr-Kreis der erste Waldkindergarten Baden-Württembergs ins
Leben gerufen wurde, drangen die Eltern darauf, dass ihr Waldkindergarten eine reguläre Einrichtung der Jugendhilfe werden solle. Einerseits
ging es ihnen um die damit verbundenen Zuschüsse, auf der anderen
Seite aber auch eine Gleichgestellung mit anderen Einrichtungen. Das
Landesjugendamt musste also entscheiden, ob es eine Betriebserlaubnis
nach § 45 des SGB VIII erteilen konnte. Wichtigstes Kriterium war, ob
das Wohl der Kinder in der Einrichtung gewährleistet sein würde.

Die pädagogische Konzeption, die die Elterninitiative vorlegte, war
überzeugend und so bestanden keine Zweifel, dass die Kinder auch im
Wald umfassend in ihrer Entwicklung gefördert würden. Was die Anforderungen in Bezug auf personelle Besetzung (➝ Personelle Ausstattung, S. 40), Gruppengröße (➝ Gruppenstärke, S. 40) und Ausstattung
mit Sachmitteln (➝ Mobile Ausrüstung, S. 47) anbelangte, musste sich
das Jugendamt an den Erfahrungen orientieren, die man in Dänemark
und neuerdings auch in Schleswig-Holstein mit Waldkindergärten gemacht hatte. Auf dieser Grundlage entwickelte das Landesjugendamt in
Zusammenarbeit mit der Fachberaterin des Kreisjugendamtes, dem Gesundheitsamt und den Eltern Kriterien, die ein Waldkindergarten als
reguläre Einrichtung zu erfüllen haben würde. Grundsätzlich legte man
fest, dass ein solcher Betrieb besonders sorgfältig zu organisieren sei,
dass er über qualifiziertes und erfahrenes Fachpersonal sowie eine
pädagogische Konzeption verfügen müsse und dass die Eltern mit Konzeption und Betriebsführung einverstanden sein müssten. Diesen
Grundforderungen schlossen sich eine Reihe von speziellen Bedingungen an, die in anderen Zusammenhängen noch besprochen werden.
Der schwierigste Punkt blieb die Frage, ob es einen Kindergarten ohne
festes Gebäude geben könne. Hier war man auf Entscheidungshilfe des
Ministeriums angewiesen, das das Wunsch- und Wahlrecht der Eltern
achtete und zudem einer Weiterentwicklung der pädagogischen Angebote nicht im Wege stehen wollte. So wurde beschlossen, dass ein
Waldkindergarten, dessen Rahmenbedingungen umsichtig gestaltet und
zuverlässig eingehalten würden, auch ohne festes Gebäude eine Einrichtung der Jugendhilfe sein könne. Eine Schutzhütte aber sei unerlässlich.
Unter dieser Bedingung erteilte das Ministerium die Betriebserlaubnis.

Wenn man einen Waldkindergarten gründet, sind neben dem Land-
schafts- und Forstrecht und dem Jugendhilferecht in der Regel auch die
Bestimmungen des Vereinsrechts und des Baurechts von Bedeutung; denn

die meisten Waldkindergärten starten als Elterninitiativen (→ Elterninitiativen, S. 36) und fast alle haben die Auflage, einen Unterstand einzurichten (→ Die Schutzhütte, S. 38).

4. Der Träger

Eine Einrichtung braucht einen Träger, der ihre Arbeit verantwortet.
Träger der freien Jugendhilfe kann sein, wer auf diesem Gebiet tätig ist,
dabei gemeinnützige Ziele verfolgt, entsprechende fachliche und personelle Voraussetzungen bietet und sich an das Grundgesetz hält (§ 75 des
SGB VIII). Einen Anspruch auf Anerkennung als Träger hat, wer schon
mindestens drei Jahre auf dem Gebiet der Jugendhilfe tätig gewesen ist.
Anerkannte Träger der Jugendhilfe sind die Kirchen und Religions-
gemeinschaften des öffentlichen Rechts sowie die auf Bundesebene zu-
sammengeschlossenen Verbände der freien Wohlfahrtspflege. Auch
Städte, Gemeinden und Kreise engagieren sich natürlich als Träger der
Jugendhilfe. Vereine, Zweckverbände oder einzelne Personen können
ebenfalls als Träger auftreten, wenn sie die gesetzlichen Vorgaben erfüllen. Die öffentliche Anerkennung als Träger spricht das Jugendamt
aus, nachdem sie vom Jugendhilfeausschuss beschlossen worden ist.
Wenn der Träger über den Jugendamtsbezirk hinaus tätig ist, ist das
Landesjugendamt oder gegebenenfalls die oberste Landesjugendbehörde
zuständig.

5. Elterninitiativen

Die meisten Waldkindergärten werden von engagierten Eltern ins Leben
gerufen. Dazu müssen sie entweder selbst Träger sein oder brauchen
einen anerkannten Träger der Jugendhilfe, der ihr Anliegen unterstützt.
In den meisten Fällen haben Eltern einen Trägerverein gegründet, um einen Waldkindergarten einzurichten und betreiben zu können. Vereine
müssen mindestens sieben Mitglieder haben, ferner einen klar bezeich-
neten Zweck, einen Namen und einen Sitz sowie eine Satzung, die eine
Reihe organisatorischer Fragen verbindlich regelt (BGB §§ 56-58). Den
Trägerverein muss man ins Vereinsregister beim Amtsgericht eintragen
lassen (BGB §§ 21 und 55) und beim Finanzamt seine Gemeinnützigkeit

anerkennen lassen. Das Jugendamt entscheidet dann darüber, ob der Verein als Träger der Jugendhilfe auftreten darf.

Oft erhalten Elternvereine als Träger zunächst nur eine befristete Betriebserlaubnis. Die Jugendämter weisen dabei auf ihre Verpflichtung hin, bedachtsam mit öffentlichen Mitteln umzugehen. Waldkindergärten können also mit relativ begrenztem Aufwand initiiert werden, man kann sie aber auch recht einfach wieder auflösen. Ob es auch langfristig unerlässlich bleiben wird, dass Elternvereine als Träger die Existenz von Waldkindergärten sichern, ob sie sich gegebenenfalls auf Dauer etablierten Verbänden anschließen, die einen größeren Einfluss geltend machen können, oder ob sie am besten bei den Kommunen selbst aufgehoben sind, muss die Zukunft zeigen. Günstig ist es in jedem Fall, wenn sich ein Elternverein, der einen Waldkindergarten betreibt, einem der Spitzenverbände der freien Wohlfahrtspflege anschließen kann, um auf diesem Weg an der Fachberatung und an Fortbildungsangeboten teilzuhaben.

6. Behörden und Auflagen

Der wichtigste Ansprechpartner bei der Gründung eines Waldkindergartens ist das Jugendamt, das dafür zu sorgen hat, dass genug Kindergartenplätze vorhanden sind, und das die Betriebserlaubnis erteilt. Davon war bereits die Rede (→ Rechtliche Grundlagen, S. 33; → Der Träger, S. 36). Ebenfalls unerlässlich ist es, sich an die untere Forstbehörde (das Forstamt) zu wenden (→ Der Förster, S. 31), die den Aufenthalt im Wald nicht prinzipiell verwehren, aber doch an Auflagen binden kann: dass bestimmte Zeiten eingehalten werden, dass nur ein Teil des Waldes genutzt wird, dass die Gruppe eine bestimmte Personenzahl nicht überschreitet, dass eine verantwortliche Person benannt ist oder dass der Waldbesitzer bei Unfällen nicht haftbar gemacht wird.

Den Besitzer eines Waldgrundstückes kann man über das Katasteramt ausfindig machen. Er erteilt eine Nutzungsberechtigung. Gibt es einen Jagdpächter, ist auch dieser bzw. der Vorsitzende der Jagdgenossenschaft anzufragen.

Die meisten Behörden kommen erst ins Spiel, wenn der Waldkindergarten die Auflage hat, im oder am Wald einen Unterstand zu errichten. Das ist meistens der Fall. Hier kann es, je abhängig von den

Bestimmungen der einzelnen Bundesländer, dazu kommen, dass zahlreiche Ämter mit einzubeziehen sind. In Nordrhein-Westfalen sind das neben dem Forstamt und der Unteren Landschaftsbehörde das Umweltamt, das Grünflächenamt, das Bauordnungsamt, das Gesundheitsamt, das Amt für Arbeitsschutz und die Feuerwehr. Besonders wichtig ist dabei die Untere Landschaftsbehörde, die Bauvorhaben im Außenbereich genehmigt (nach § 35 BauGB). Soll nur ein Unterstand entstehen oder beschränkt man sich darauf, einen Bauwagen aufzustellen, so kann das Bauamt eine Duldung aussprechen. Dann kann man auf einen Bauantrag verzichten. Dieser ist aber zwingend vorgeschrieben, wenn es darum geht, eine geschlossene Hütte zu errichten.

Der Standort eines Unterstandes oder Bauwagens wird im Landschaftsbeirat diskutiert. Dieser setzt sich paritätisch aus Naturschützern wie Naturschutzverbänden und Naturnutzern wie Landwirten und Förstern zusammen. Kann man sich dort nicht einigen, so entscheidet der Umweltausschuss der Bezirksregierung.

7. Die Schutzhütte und Ausweichquartiere

Das größte Hindernis bei der Einrichtung eines Waldkindergartens ist die Schutzhütte. Zum einen ist es meistens extrem schwierig, eine Baugenehmigung im Außenbereich zu erhalten. Zudem erfordert ihre Errichtung mehr Zeit und Kosten als alle anderen vorbereitenden Schritte. Auf der anderen Seite machen aber die meisten Jugendämter gerade von der Existenz einer Schutzhütte abhängig, ob sie eine Betriebserlaubnis erteilen oder verweigern.

Dass die Behörden eine Schutzhütte einerseits fordern, andererseits aber kaum zu genehmigen bereit sind, ist paradox und für die Waldkindergärten ein wirkliches Dilemma. An diesem Punkt sind das Wohl des Waldes und das der Kinder offenbar nur schwer zu vereinbaren. Für das Wohlergehen der Kinder ist eine stabile Zuflucht erforderlich. Dem Wald möchte man diese aber nicht zumuten. Schließlich geht es nicht nur darum, einfach eine Hütte in den Wald zu stellen. Sie muss auch ordnungsgemäß erschlossen sein. Das lässt sich kaum im Vorübergehen bewerkstelligen. So muss beispielsweise für eine breite und befestigte Zufahrt für Rettungs- und Löschfahrzeuge und für eine ausreichende Versorgung mit Löschwasser gesorgt sein.

Aus diesen Gründen ist das Vorhaben, eine neue Hütte im Wald zu errichten, fast aussichtslos. Also sucht man in den meisten Fällen einen doppelten Ausweg: Man bleibt am Waldrand und errichtet dort ein Provisorium. Sollte sich nach einigen Jahren der Waldkindergarten wieder auflösen, kann man auch das Provisorium wieder entfernen.

Meistens handelt es sich bei der provisorischen Schutzhütte um einen Bauwagen, der nach den Erfordernissen eines Waldkindergartens umgebaut worden ist. Vielerorts haben das Eltern in die Hand genommen. Die etwas größeren und schon länger bestehenden Waldgruppen haben in der Regel auch noch einen Ausweichraum.

Andere Waldkindergärten können ganz auf eigene Räumlichkeiten verzichten, weil es bereits Schutzhütten oder ähnliche Unterstände im Wald gibt oder die Ausweichquartiere günstig gelegen sind. Das kann die Schutzhütte eines Spielplatzes sein, die Hütte von anderen Gruppen, ein Vereinshaus oder eine Turnhalle am Waldrand. In jedem Fall stellt die amtliche Forderung nach einer Schutzhütte oder einem adäquaten alternativen Raum ein Problem dar, das nur mit Erfindungsreichtum zu lösen ist. Die meisten Initiatoren haben diesen jedoch bewiesen.

Die Kritiker des Waldkindergartens wenden ein, dass Ausweichquartiere, in denen die Kinder bei schwerem Unwetter unterkommen können, nicht genügten. Sie müssten auch hinreichend geräumig und ausgestattet sein, um dort eine sinnvolle pädagogische Arbeit zu ermöglichen. In vielen Fällen sei das nicht gewährleistet. Diese Bedenken sind sicher nicht immer auszuräumen. Vermutlich unterschätzen aber die Kritiker die Entschlossenheit der Erzieherinnen und vor allem der Kinder selbst, auch bei Wetterbedingungen nach draußen zu gehen, bei denen die meisten Menschen lieber daheim bleiben. Manchmal organisieren vielleicht auch die Eltern einen Ausflug. Die Ausweichquartiere sind demnach nicht mehr als eine letzte Zuflucht, die so selten wie möglich in Anspruch genommen wird.

Aber nicht nur die Kinder brauchen notfalls einen geeigneten Raum. Auch für Waldkindergärten ist Büroarbeit zu erledigen. Zudem sind gerade hier regelmäßige Elternabende erforderlich. Die Kommunen und großen Wohlfahrtsverbände verfügen als Träger oft über Gebäude, in denen sie ihrem Waldkindergarten einen Büroraum überlassen können. Wenn Elternvereine einen Raum anmieten müssen, kann die Miete als Teil der Betriebskosten bezuschusst werden. Oft aber wird auch hier erfolgreich improvisiert. Die Erzieherinnen besuchen die Familien, die neu hinzukommen, zu Hause. Elternabende werden in Privatwohnungen abgehalten. Neue Erzieherinnen stellen sich gleich im Wald vor. Leiterinnen richten sich für die Büroarbeit einen Arbeitsplatz daheim ein. Auch in dieser Beziehung erfordert der Waldkindergarten von den Beteiligten ein hohes Engagement.

8. Gruppenstärke und personelle Ausstattung

Die meisten Waldkindergärten bestehen aus einer Gruppe von bis zu zwanzig Kindern. Damit ist eine Waldkindergruppe im Vergleich zu einer Gruppe in einem Regelkindergarten durchschnittlich etwas kleiner.

Die Personalvereinbarungen der Bundesländer sehen in der Regel vor, dass eine Gruppe dieser Größe von zwei Erzieherinnen versorgt wird. Die Erfahrung hat aber gezeigt, dass das in Waldkindergärten nicht ausreicht. Die Waldkindergärten arbeiten daher normalerweise mit drei Erzieherinnen, von denen sich zwei eine Stelle teilen. Seltener kommt es vor, dass alle drei eine Zweidrittelstelle haben.

Träger, die sich nicht in der Lage sehen, zwei volle Stellen zu finanzieren, sind darauf angewiesen, zusätzliche ehrenamtliche Begleitpersonen zu finden. Oft stellen sich Eltern zur Verfügung. Manchmal sind es aber auch ältere Menschen, die sich zeitweise oder regelmäßig der Waldkindergruppe anschließen und Aufsichtsfunktionen übernehmen. Vielfach besitzen sie ein großes Wissen über Pflanzen- und Baumarten oder kennen aus ihrer Kindheit noch Spiele und Möglichkeiten, mit Waldmaterialien zu basteln. Pädagogisch wertvoll ist aber besonders die Begegnung der verschiedenen Generationen, von der Kinder, Erzieherinnen und ältere Menschen gleichermaßen profitieren können.

Auch und besonders im Waldkindergarten gibt es Praktikantinnen und Hospitanten. Das Interesse war gerade in den ersten Jahren der Waldkindergartenbewegung bei Hospitanten so groß, dass es die Arbeit der Erzieherinnen eher belastete. Praktikantinnen können andererseits natürlich eine große Hilfe sein und tragen zudem die Idee des Waldkindergartens weiter. Sehr vereinzelt kommt es auch vor, dass Zivildienstleistende im Waldkindergarten arbeiten oder junge Leute dort ein freiwilliges ökologisches oder soziales Jahr absolvieren.

Nicht alle, die im Waldkindergarten arbeiten, sind gelernte Erzieherinnen. Hin und wieder ergibt es sich, dass Biologen, Heilpädagogen, Sport- und Gymnastiklehrer oder Sozialwissenschaftler Teilzeitstellen ausfüllen. Besonders fruchtbar erweisen sich natürlich Doppelqualifikationen, etwa als Erzieherin und Landwirtin. Sie können dazu beitragen, das inhaltliche Profil eines Waldkindergartens zu schärfen. Problematisch ist hierbei allenfalls, dass auf diesem Wege andere Berufsgruppen als Konkurrenten in das Arbeitsfeld der Erzieherinnen eindringen.

Personalwechsel ist im Waldkindergarten kritischer als im Regelkindergarten. Die Betriebsform des Waldkindergartens bringt es mit sich, dass seine organisatorischen Strukturen weitgehend personengebunden sind. Hört eine Leiterin auf, die die Büroarbeit an ihrem privaten Schreibtisch erledigt hat, so sind die Geschäfte weniger leicht zu übergeben als in einer gewöhnlichen Einrichtung. Andererseits ist die Identifikation der Erzieherinnen im Wald mit ihrem Kindergarten allem Anschein nach sehr hoch, sodass es hier zu einer geringeren Fluktuation kommt als in Regelkindergärten. Dennoch sehen die Jugendämter, wenn sie über die Betriebserlaubnis entscheiden, hier zu Recht einen heiklen Punkt; denn ihr Verständnis einer Einrichtung setzt auch voraus, dass sie durch einen Personalwechsel in ihrer Existenz nicht gefährdet ist (→ Rechtliche Grundlagen, S. 33).

9. Öffnungszeiten

Die Öffnungszeiten von Waldkindergärten sind kürzer als in Regelkindergärten, was vor allem mit der zeitlichen Belastung des Personals zusammenhängt. Waldkindergärten erfordern eine aufwendigere organisatorische Vor- und Nachbereitung, die im Gegensatz zum Regelkindergarten nicht in der Einrichtung möglich ist. Dafür können sich die Erzieherinnen, während sie mit der Gruppe unterwegs sind, uneingeschränkt den Kindern widmen. So ist die Betreuungszeit zwar kürzer, kann aber idealerweise auch intensiver sein. Ähnliches gilt für die Kinder. Auch sie haben im Wald in kürzerer Zeit größere Möglichkeiten, sich zu verausgaben.

Die meisten Waldkindergärten haben am Vormittag vier, einzelne bis zu fünf Stunden geöffnet. Damit liegen sie gut zwei Stunden unter den Öffnungszeiten der Regelkindergärten. Träger, Elternrat und Jugendamt müssen sich damit einverstanden erklären. Während einiger Wochen im Winter verringern fast alle Waldkindergärten ihre Öffnungszeiten nochmals um täglich eine Stunde. Oft gibt es Weihnachtsferien und dafür im Sommer keine Pause.

Eltern, die beide berufstätig sind, kommen die kurzen Öffnungszeiten natürlich nicht entgegen. Nur ganz wenige Waldkindergärten bieten aus eigener Kraft auch eine Betreuung am Nachmittag an. Manche kooperieren aber mit Kindertagesstätten oder sind von diesen selbst eingerichtet worden (➜ Nicht alle Waldkindergärten sind gleich, S. 12).

10. Finanzierung und Beiträge

Im Vergleich zu Regelkindergärten ist die Einrichtung von Waldkindergärten kostengünstiger. Normalerweise fallen weder Bauinvestitionen und somit keine laufenden Bauunterhaltungskosten noch Kosten für Möblierung an. Auch benötigen Waldkindergärten nur einen Teil der sonst üblichen Spielsachen und Materialien. Wer einen Waldkindergarten einrichten will, muss folgende Positionen berücksichtigen: das Gehalt für zwei Fachkräfte und eine weitere Betreuungskraft, etwa eine Praktikantin; den Unterhalt einer Schutzhütte und/oder sonstiger Räume; Fortbildungsveranstaltungen für das Personal; Mitgliederbeiträge an den Dachverband; Verwaltungskosten wie Telefongebühren, Porto,

Kopien sowie die mobile Ausstattung (➜ Mobile Ausrüstung, S. 47). Die Naturschule Freiburg, die selbst einen Waldkindergarten betrieben hat, der mittlerweile in eigener Trägerschaft weiter existiert, hat für die Jahre 1994 bis 1996 die finanziellen Aufwendungen von neun Kindergärten aus Baden-Württemberg und zwei aus Nordrhein-Westfalen verglichen. Danach verursachen Waldkindergärten merklich höhere Personalkosten als Regelkindergärten, weil die Stellenausstattung pro Gruppe (1,9 vs. 1,5) höher liegt und die Gruppen gleichzeitig kleiner sind (16-20 vs. 20-25). Diese Differenz fällt jedoch gegenüber den Abweichungen bei den Baukosten nur wenig ins Gewicht. Hier kostet der Regelkindergarten durchschnittlich sieben bis acht Mal so viel wie der Waldkindergarten. Bei den Verwaltungskosten und den Kosten für Aus- und Fortbildung sind die Ausgaben etwa gleich. Bei den Spielmaterialien, die allerdings aufs Ganze bezogen nur eine geringe Position sind, übersteigen die Ausgaben im Regelkindergarten wiederum die im Waldkindergarten um ein Vielfaches.

Immerhin errechnet die Naturschule Freiburg jährliche Betriebskosten für einen Waldkindergarten von annähernd 140 000 Mark. Diese Summe ist ohne öffentliche Mittel kaum aufzubringen. Deshalb ist es für Waldkindergärten derart wichtig, als reguläre Kindergärten vom Jugendamt anerkannt zu werden und eine Betriebserlaubnis zu erhalten (➜ Rechtliche Grundlagen, S. 33).

Wie sich im Einzelnen die Zuschüsse zusammensetzen, welcher Anteil der Betriebskosten vom Land und von der Kommune sowie durch die Elternbeiträge zu decken ist, welchen Eigenanteil schließlich der Träger aufzubringen hat, das ist in den einzelnen Bundesländern verschieden geregelt. Bei der Erstausstattung hat ein Waldkindergarten normalerweise Anspruch auf dieselbe Summe, die für einen eingruppigen Regelkindergarten zur Verfügung gestellt wird. Große Baukosten fallen in der Regel nicht an. 1997 beliefen sich in Nordrhein-Westfalen die Baukosten für eine Kindergartengruppe auf durchschnittlich etwa 600 000 DM. Dagegen reichten 70 000 DM, um eine Schutzhütte errichten bzw. zweckgemäß umbauen zu lassen und einen Waldkindergarten erstauszustatten.

Die Höhe der Elternbeiträge für den Waldkindergarten ist unterschiedlich geregelt. Oft entsprechen sie denen, die vor Ort in den Regelkindergärten erhoben werden. Vielfach wird gefordert, dass die Beiträge den Betreuungszeiten angepasst sein sollten, was bedeuten würde, dass die Waldkindergärten weniger kosten müssten. Vor allem die Jugendämter, die weitgehend die Personalkosten bestreiten, sehen das anders. Sie weisen darauf hin, dass die Waldkindergärten trotz kürzerer Öffnungszeiten ein günstigeres Verhältnis von Stellen und Kindergartenplätzen aufweisen als die Regelkindergärten. So sind die Elternbeiträge in Waldkindergärten nur in Ausnahmefällen geringer. Im Gegenteil müssen die Eltern in vielen Waldkindergärten, sofern sie sich zu einem Trägerverein zusammengeschlossen haben, nicht nur die Beiträge aufbringen, sondern auch noch den Eigenanteil des Trägers finanzieren. Wenn Elternvereine als Träger auftreten, ist dieser allerdings gering. In Nordrhein-Westfalen liegt er bei fünf Prozent der Gesamtkosten.

11. Versicherungen

Die gesetzliche Unfallversicherung ist eine Pflichtversicherung, die ursprünglich für Arbeitnehmer eingerichtet worden ist. Seit 1971 gilt sie jedoch auch für Schüler und Studenten sowie Kinder in Kindergärten. Träger der gesetzlichen Unfallversicherung für gemeinnützige Kinder-

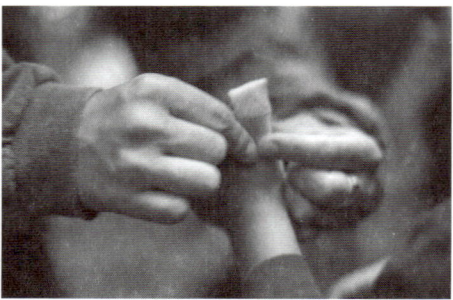

gärten sind in der Regel die Länder. Alle Aktivitäten von Kindern, die in Beziehung zum Besuch des Kindergartens stehen, sind unfallversichert: also auch der Hinweg und der Rückweg, ebenso externe Veranstaltungen wie Ausflüge und Wanderungen. Insofern bedarf es keiner Ausnahmeregelungen, um einen Waldkindergarten zu betreiben. Natürlich müssen die Versicherungsnehmer dafür sorgen, dass Unfälle, wo immer es geht, schon im Vorfeld verhütet werden. Der Wald birgt hier andere und eventuell weniger kalkulierbare

Risiken als das Gebäude eines Regelkindergartens. Andererseits deuten die Erfahrungen mit der ersten Generation von Waldkindern darauf hin, dass sie sich vergleichsweise selten verletzen. Eine verlässliche vergleichende Untersuchung fehlt allerdings bisher. Sie wird gerade von Befürwortern des Waldkindergartens immer wieder eingefordert.

12. Elternarbeit

Eltern, die ihr Kind in einen Waldkindergarten geben, müssen sich mit vielen Fragen auseinander setzen. Manchmal werden sie sich auch fragen, ob sie richtig für ihr Kind entschieden haben. Dabei sind diese Eltern meist besonders engagiert. Oft haben sie den Waldkindergarten selbst ins Leben gerufen, sind über andere Waldkindergärten informiert und wissen, was auf sie zukommt. Doch auch für engagierte Eltern ist die Entscheidung für den Waldkindergarten ein Schritt, der mit Unsicherheit verbunden ist. Sie fragen sich, was ihr Kind dort den ganzen Vormittag lang tut, ob es zu warm oder zu kalt angezogen ist, und ob es überhaupt schon kräftig genug ist, jeden Tag mehrere Stunden im Wald herumzulaufen.

Die Funktion der Tür- und Angelgespräche im Regelkindergarten übernimmt im Waldkindergarten der Treffpunkt. Dort können spontane Gespräche stattfinden, während man darauf wartet, dass die Gruppe vollzählig wird. Manche Erzieherinnen machen die Erfahrung, dass eine Unterhaltung unter freiem Himmel unverbindlicher und weniger persönlich ist. Dann ist es ratsam, die Familien regelmäßig zu Hause zu besuchen.

Wichtig ist, die Eltern kontinuierlich darüber zu informieren, was im Wald auf dem Programm steht. Viele Waldkindergruppen treffen sich an einem Bauwagen, der ihnen als Basislager und Zufluchtsstätte bei starkem Regen dient. Dort kann man eine Informationstafel anbringen und auch das Wochen- oder Monatsprogramm aushängen. Spielanleitungen und Geschichten, die die Kinder im Wald gehört oder aufgeführt haben, kann man den Eltern kopieren und mitgeben.

Kinder aus Regelkindergärten bringen regelmäßig Selbstgebasteltes mit nach Hause. Im Waldkindergarten ist das nicht oft möglich. Es ist auch nicht intendiert. Dort haben Kinder ebenfalls viele Möglichkeiten, kreativ zu sein. Aber sie lernen auch, dass nicht alles Dauer haben muss,

um ästhetisch und innerlich befriedigend und der Mühe wert zu sein. Gleichwohl werden Eltern Freude daran haben, kreative Leistungen ihrer Kinder dokumentiert zu sehen. Manche Erzieherinnen im Wald wählen daher einen Mittelweg und machen beispielsweise Fotos von Bildern, die die Kinder in den Sand oder in den Schnee gezeichnet haben und die die Natur bald wieder verschlucken wird. Oder sie dokumentieren den Alltag im Wald mit der Videokamera, sofern die Eltern damit einverstanden sind.

Nach Möglichkeit sollten Elternabende an einem neutralen und ausreichend großen Ort stattfinden. Nicht immer steht Waldkindergärten ein solcher Raum zur Verfügung. Muss man auf Privaträume ausweichen, ist es wichtig zu beachten, dass der Ablauf eines Elternabends immer in den Händen der Erzieherinnen bleibt. In der Form unterscheidet sich der Elternabend eines Waldkindergartens nicht wesentlich von dem in einem Regelkindergarten. Mittlerweile gibt es zahlreiche Veröffentlichungen, die dazu inhaltliche Anregungen und Vorschläge zur praktischen Umsetzung bieten.

Da es über die Arbeit von Waldkindergärten noch kaum statistisches Material gibt, haben manche Erzieherinnen Fragebögen entworfen, die sie den Eltern gegen Ende des Kindergartenjahres mitgeben. Grundsätzliche Kritik gibt es kaum. Bedauert wird allenfalls eine zu große Homogenität in den Gruppen. So finden es die meisten Eltern nicht richtig, dass ihre Kinder mit ausländischen Kindern meistens nur jenseits des Kindergartens in Berührung kommen.

Andere Probleme sind leichter zu lösen. In den kalten Monaten brauchen die Kinder am Vormittag etwas Heißes zu trinken. Also kochen die Eltern reihum Tee. Auch lernen sie das Wetter beobachten, um ihren Kindern morgens das Richtige anzuziehen. Ist der Treffpunkt zu Fuß nicht zu erreichen, wechseln sie sich ab, die Kinder zu bringen und abzuholen; und schließlich organisieren sie Feste und Ausflüge.

13. Der Treffpunkt

Am Treffpunkt sammelt sich die Waldgruppe. Dort löst sie sich am Ende des Vormittags wieder auf. Sonst ist über den Treffpunkt nicht viel zu sagen. Trotzdem muss man ihm in einer Übersicht über den Waldkindergarten einen eigenen Abschnitt einräumen, weil er den Unterschied zum Regelkindergarten besonders sinnfällig macht. Finden sich die Eltern und Kinder dort in einem Gebäude ein, so sammeln sie sich hier unter freiem Himmel. Oft ist der Treffpunkt ein Parkplatz am Waldrand, von dem aus verschiedene gebahnte Wege in den Wald führen.

Liegt der Wald nahe am Wohnviertel der Kinder, so genügt auch ein Treffpunkt, der nur zu Fuß zu erreichen ist. Manche Waldkindergärten haben am Treffpunkt auch einen Bauwagen und damit doch eine Art von Gebäude, das sich allerdings nur dazu eignet, die Ausrüstung unterzustellen und bei schlechtem Wetter trocken und warm zu halten.

14. Mobile Ausrüstung und Verpflegung

Wenn die Kinder eines Regelkindergartens morgens in ihrer Einrichtung eintreffen, schlüpfen sie aus ihren Jacken und suchen sich ein Spielzeug oder beginnen mit dem Frühstück. Mitbringen müssen sie nichts, weil sie alles vorfinden. Im Wald ist das anders. Die Jacken bleiben an. Zwar bietet der Wald unendliche Anregungen zum Spielen; was man darüber hinaus allerdings noch braucht, muss man selbst transportieren.

Das, was jedes Kind benötigt, trägt es in einem kleinen Rucksack auf dem Rücken. Die Dinge, die zur Ausrüstung der Gruppe gehören, befinden sich in der Regel in einem Bollerwagen, der, wenn es regnet, zu einem kleinen Planwagen umfunktioniert wird.

Der Rucksack der Kinder enthält normalerweise eine kleine Isomatte, damit sie sich auch bei feuchtem Wetter zwischendurch hinsetzen können, Regenkleidung, ein kleines Handtuch und in einer Tüte einen feuchten Waschlappen, einen Trinkbecher und die Vesperdose mit dem Frühstück. Aufwändig eingepackte Fertigsnacks sind unpraktisch, da im Wald nicht überall ein Mülleimer steht, in dem man die Verpackung verschwinden lassen kann. Auch süße Esswaren und Getränke sind nicht geeignet, denn sie locken Wespen und andere Insekten an. Willkommen ist vollwertiges Brot, Obst und Gemüse.

Die Kinder können natürlich auch noch andere Dinge mit sich führen: eine kleine Lupe oder ein Spielzeug, von dem sie sich nicht trennen wollen. Sie müssen aber wissen, dass sie immer auf ihre sieben Sachen aufpassen müssen und nichts liegen lassen dürfen. Mit der Zeit lernen sie ohne Weiteres, sich zu beschränken. Der Rucksack, der ohnehin nicht zu schwer sein sollte, ist dann auch weniger voll.

Die Kinder tragen nicht die ganze Verpflegung. Der heiße Tee ist in zwei großen Isolierkannen abgefüllt, die im Bollerwagen lagern. Dort gibt es meistens auch einen großen Wasserkanister, der beim Händewaschen zum Einsatz kommt. Im Bollerwagen sind zudem einfache Mal- und Bastelutensilien, Bindfäden, Scheren, Schnitzmesser, Spielausrüstungen, Bilder- und Lesebücher. Das Programm der Waldkindergärten soll sich ja nicht um jeden Preis von dem der Regelkindergärten unterscheiden. Dass im Wald andere Schwerpunkte zu setzen sind, dass das Material einfacher und die Auswahl kleiner sein muss, versteht sich dabei von selbst und kommt den pädagogischen Absichten der Früherziehung im Wald wiederum entgegen.

Im Bollerwagen befinden sich ferner Bestimmungsbücher für Pflanzen, Ersatzkleidung für jedes Kind, Toilettenpapier, ein mobiles Telefon und die Erste-Hilfe-Ausrüstung, die Wundpflaster, eine Schere, elastische Binden, eine Pinzette, Desinfektionsmittel, Wund- und Heilsalbe, Mullkompressen, Salben oder Gel zur Behandlung von Insektenstichen und eine Rettungsdecke enthält. Auch für Erzieherinnen im Waldkindergarten gilt, dass sie einen Erste-Hilfe-Kurs besucht haben und ihre Kenntnisse regelmäßig durch weitere Fortbildungen auffrischen und verbessern. Manchmal jedoch braucht man unverzüglich einen Arzt. Deshalb ist das mobile Telefon im Wald sehr wichtig. Auch müssen die Erzieherinnen in Notfällen sofort wissen, wohin sie sich wenden sollen. Daher ist es unerlässlich, mit Ärzten in Kontakt zu stehen, die in der Nähe

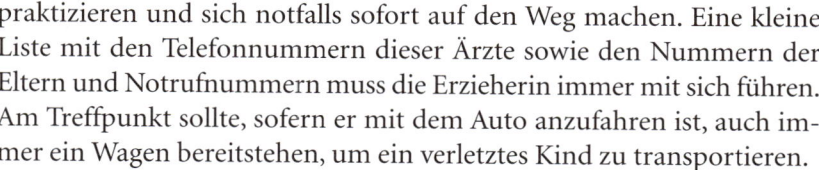

praktizieren und sich notfalls sofort auf den Weg machen. Eine kleine Liste mit den Telefonnummern dieser Ärzte sowie den Nummern der Eltern und Notrufnummern muss die Erzieherin immer mit sich führen. Am Treffpunkt sollte, sofern er mit dem Auto anzufahren ist, auch immer ein Wagen bereitstehen, um ein verletztes Kind zu transportieren.

15. Gesundheit

Viele Kinder leiden unter gesundheitlichen Schäden, die man etwas pauschal als Zivilisationskrankheiten betrachten kann: Übergewicht, Defizite in der Entwicklung des Bewegungsapparates, Haltungsschäden, Allergien, Asthma, Neurodermitis oder Schlafstörungen. Eltern, die ihre Kinder in Waldkindergärten schicken oder selbst Waldkindergärten gegründet haben, reagieren auch auf diese Entwicklungen. Im Wald, so ihre Überzeugung, lebt es sich gesünder. Aber der Wald birgt auch Gefahren für die Gesundheit. Besonders die durch Zecken übertragenen Erreger der Frühsommer-Meningo-Enzephalitis (FSME) und der Lyme-Borreliose sowie der Fuchsbandwurm können schwere Erkrankungen auslösen.

■ Zecken

Eine Zecke ist bis zu vier Millimeter groß, kann allerdings, wenn sie sich mit Blut vollgesaugt hat, die Größe einer Erbse erreichen. Sie hält sich vorwiegend im Unterholz auf, selten höher als eineinhalb Meter über dem Boden. Dort hängt sie zumeist an den Blattunterseiten und lässt sich auf Tiere und Menschen fallen, von deren Blut sie lebt. Ihre Opfer erkennt sie vermittels spezialisierter Geruchszellen. Besonders die Buttersäure als Bestandteil des Körperschweißes wirkt als starkes Signal. Ein schwitzender Mensch ist somit gefährdeter als einer, der sich nicht angestrengt hat. Am interessiertesten ist die Zecke an feucht-warmen Hautstellen, also an der Kopfhaut, dem Ohr, der Achselhöhle, der Armbeuge, dem Schamhaarbereich, den Räumen zwischen den Zehen. Dort saugt sie bis zu zwei Wochen lang Blut. Der Mensch spürt normalerweise nichts, da der Speichel der Zecke betäubende Substanzen enthält. Zecken sind vorwiegend zwischen März und Oktober bei einer Außentemperatur von durchschnittlich acht bis sechszehn Grad Celsius aktiv. Gefährlich ist ein Zeckenbiss allerdings nur dann, wenn sich die

Zecke bei einem früheren Kontakt mit einem anderen Wirtstier mit Krankheitserregern infiziert hat.

■ Die Frühsommer-Meningo-Enzephalitis (FSME)
Die Frühsommer-Meningo-Enzephalitis ist eine Erkrankung des Zentralen Nervensystems. Sie wird durch Viren übertragen. In Deutschland kommt sie hauptsächlich in den südlichen Bundesländern vor und auch hier ist der Durchseuchungsgrad sehr unterschiedlich. Auch wenn nur ein Bruchteil der Zecken infiziert ist und die Infektion zudem in neunzig Prozent aller Fälle ganz ohne Symptome oder wie eine Sommergrippe verläuft, so ist die Zahl der schweren Erkrankungen – Hirnhautentzündungen (Meningitis) und Gehirnentzündungen (Enzephalitis) – doch in den vergangenen Jahren auf hundert bis zweihundert Fälle im Jahr gestiegen.

Ein bis zwei Wochen nach der Ansteckung zeigen sich gewöhnlich grippeähnliche Symptome. Sie dauern bis zu acht Tagen. Darauf folgt eine Phase scheinbarer Besserung. Nach höchstens drei Wochen beginnt die zweite Krankheitsphase, in der spezifische Beschwerden wie starke Kopfschmerzen, Nackensteife, Brechreiz und Lähmungserscheinungen darauf hinweisen, dass die Hirnhaut und das Gehirn betroffen sind. Spätestens jetzt ist eine intensive ärztliche Betreuung erforderlich. Die vollständige Genesung nimmt lange Zeit in Anspruch. Unter Umständen können Folgeschäden zurückbleiben.

Gegen FSME kann man sich durch Impfung schützen. Auch wenn Kleinkinder nur selten an FSME erkranken, ist in den gefährdeten Regionen eine vorbeugende Impfung in der Regel angezeigt.

■ Die Borreliose (Lyme oder Wechselröte)
Die Borreliose ist eine Erkrankung des Nervensystems und der Gelenke und wird durch Bakterien übertragen. Im gesamten Bundesgebiet sind etwa fünfzehn Prozent der Zecken infiziert, wobei die Werte wiederum regional stark schwanken und vor allem in Süddeutschland noch deutlich höher liegen können. Besonders häufig scheinen sich infizierte Zecken in Randgebieten von Flusstälern aufzuhalten.

Die Borreliose ist schwer zu diagnostizieren, weil Symptome und Verlauf der Erkrankung von Fall zu Fall recht unterschiedlich sein können. Grundsätzlich unterscheidet man drei Stadien. Im ersten treten zwei bis vier Wochen nach der Infektion grippeähnliche Beschwerden auf. Um die alte Stichstelle herum entsteht eine an den Rändern relativ scharf abgegrenzte Hautrötung, die aber auch ausbleiben kann. Weitere drei bis sechs Monate später erkrankt ein Teil der Infizierten erneut. Die Patienten leiden nun unter starken Kopf- und Nervenschmerzen, Sehstörungen sowie Entzündungen des Nervensystems und der Gelenke. In einem dritten Stadium, sechs bis zwölf Monate nach der Infektion, kommt es zu Entzündungen, vor allem im Bereich der Knie- und Fußgelenke, zu atrophischen Hauterkrankungen und gegebenenfalls zu Lähmungen.

Sobald man die Krankheit erkannt hat, behandelt man sie mit Antibiotika. Damit verhindert man schwere Komplikationen und nicht wieder gutzumachende Schäden wie chronische Gelenk- und Herzmuskelentzündungen, die sich erst nach Jahren bemerkbar machen. Gegen Borreliose gibt es noch keinen Impfschutz.

■ Vorbeugung gegen Zeckenbisse

Entscheidend ist zunächst, den Zecken möglichst wenig Angriffsfläche zu bieten. Deshalb sind auch im Sommer eine Kopfbedeckung, langärmelige Shirts und lange Hosen sowie Strümpfe und feste Schuhe angebracht. Ätherische Öle halten zwar die Zecken fern, verflüchtigen sich aber zu schnell, um sicheren Schutz zu bieten. Kinder und Eltern sollten auch wissen, wo Zecken sich bevorzugt aufhalten und zu welchen Zeiten und unter welchen Bedingungen sie ihre Wirte aufsuchen. Erzieherinnen können darauf achten, dass sich erhitzte Kinder nicht im dichten Unterholz unter Büsche legen. Mit der Zeit stellt man auch fest, welche Kinder besonders oft von Zecken befallen werden; die individuelle Empfänglichkeit spielt hier eine große Rolle. Auf solche Kinder muss man verstärkt Acht geben. Wenn die Kinder nach dem Waldkindergarten heimkommen, sollte man sie am ganzen Körper nach Zecken absuchen und ihre Kleidung ausschütteln. Auf heller Kleidung sind Zecken leichter zu erkennen.

Entdeckt man Zecken frühzeitig, ist die Gefahr einer Infektion meist gering. Denn die Borrelien sitzen im Mitteldarm der Zecke und werden erst übertragen, wenn sie einen Teil des eingesaugten Blutes wieder in den Wirt zurückpumpt. Früher hat man Zecken mit Öl beträufelt, um sie zu betäuben und anschließend leichter herauszudrehen. Mittlerweile raten die Ärzte davon ab, weil die Zecken dadurch in Atemnot geraten und heftig Speichel absondern, wodurch Erreger in die Haut gelangen.

Auch die Regel, dass Zecken gegen den Uhrzeigersinn herauszuschrauben seien, hat sich als falsch erwiesen, da es hierbei leicht passieren kann, dass der Kopf abreißt und der Körper stecken bleibt. Am besten ist es, die Zecke mit einer Zeckenzange oder einer breiten Pinzette zu fassen und langsam und gerade aus der Haut zu lösen. Zur Not kann man auch die Nägel von Daumen und Zeigefinger verwenden. Bleibt der Kopf stecken, so sucht man am besten einen Arzt auf. Wichtig ist besonders, den Hinterleib der Zecke nicht zu zerquetschen, da andernfalls der infizierte Darminhalt der Zecke in die Blutbahn geraten kann. Die Wunde sollte in jedem Fall gründlich desinfiziert werden, ebenso die Zange oder Pinzette bzw. die Hand des Helfers.

Bekommen Kinder bald nach einem Zeckenbiss eine Sommergrippe, so sollte man umgehend einen Arzt aufsuchen. Eine Infektion mit FSME-Viren oder Borreliose-Bakterien lässt sich im Blut des Patienten nachweisen.

■ Der Fuchsbandwurm

Obwohl Menschen, die beruflich oder in der Freizeit viel in Wald und Flur unterwegs sind, offenbar keiner höheren Infektionsgefahr durch den Fuchsbandwurm ausgesetzt sind als andere Menschen, ist es geboten, auch diese Gefahr ernst zu nehmen, da eine Erkrankung zu schweren Schädigungen führen kann. Der Kleine Fuchsbandwurm lebt im Darm des Fuchses, aber auch in dem des Hundes und der Katze. Er hat eine Größe von drei bis fünf Millimetern. Mit dem Kot des Wirtes gelangen die reifen Eier oder ganze Würmer ins Freie. Für ihre Weiterentwicklung müssen sie sich im Darm eines Zwischenwirtes einnisten. Die geschlüpften Larven wandern vom Darm in die Leber und wachsen und vermehren sich hier sehr schnell, wodurch sich die Leber allmählich vergrößert.

Im Gegensatz zu den Endwirten fügen die Bandwürmer den Zwischenwirten erhebliche gesundheitliche Schäden zu. Wie bei der Borreliose ist die Diagnose schwierig. Gewöhnlich vergehen Jahre, bevor sich Symptome zeigen. Diese sind zudem recht uncharakteristisch: Schmerzen im Oberbauch, in manchen Fällen auch Fieberausbrüche, Gelbsucht und Abmagerung. Die Leber ist groß und hart. Die Krankheit verläuft chronisch-schleichend und kann tödlich sein. Eine frühzeitige Diagnose ist nur durch eine Untersuchung des Blutserums oder eine Ultraschalluntersuchung der Leber möglich. Wenn man den Erkrankten rechtzeitig operiert und das Larvengewebe vollständig entfernt, kann der Patient wieder ganz gesund werden. Später lässt sich das Wachstum des Gewebes nur noch durch Chemotherapie oder hochdosierte Medikamente aufhalten. Weil diese die Larven nicht abtöten, muss der Patient sie sein Leben lang einnehmen.

Bis vor wenigen Jahren schien auch der Fuchsbandwurm hauptsächlich in Süddeutschland verbreitet zu sein. Mittlerweile ist er aber in der ganzen Bundesrepublik aufgetaucht. Beim Forstamt kann man sich erkundigen, inwieweit die eigene Region betroffen ist.

Der Mensch infiziert sich, wenn er die Eier des Fuchsbandwurms über den Mund aufnimmt. Niedrig wachsende Beeren, Pilze und Fallobst können kontaminiert sein. Vermutlich werden die Eier aber auch in der Landwirtschaft, etwa beim Mähen, aufgewirbelt und eingeatmet. Auch Haustierbesitzer sind gefährdet, wenn sie hygienische Erfordernisse im Umgang mit Tieren missachten.

Hieraus ergeben sich eine Reihe von Regeln, die unbedingt zu befolgen sind. Beeren und Waldfrüchte sollen nicht roh und schon gar nicht ungewaschen gegessen werden. Als Kompott sind sie unschädlich, da

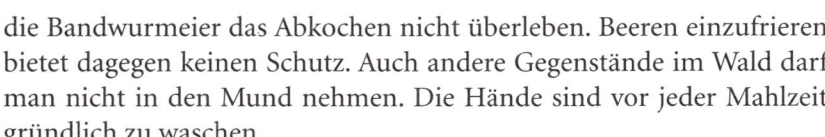

die Bandwurmeier das Abkochen nicht überleben. Beeren einzufrieren bietet dagegen keinen Schutz. Auch andere Gegenstände im Wald darf man nicht in den Mund nehmen. Die Hände sind vor jeder Mahlzeit gründlich zu waschen.

Hunde und Katzen sollten, sofern sie in gefährdeten Regionen Gelegenheit zur Jagd haben, regelmäßig entwurmt werden. Nach jedem Kontakt mit diesen Haustieren sollte man sich gründlich die Hände waschen.

Mit Kindern, die in besonders betroffenen Regionen einen Waldkindergarten besuchen, sollten die Eltern regelmäßig zu einer Vorsorgeuntersuchung gehen.

■ Tollwut

Tollwut ist eine Infektionskrankheit, bei der es zu einer Entzündung des Gehirns und des Rückenmarks kommt, die normalerweise zum Tod führt. Seit man die Tollwut mit Impfködern bekämpft, kommt sie jedoch nur noch sehr selten vor. Die örtlichen Veterinär- und Forstbehörden geben Auskunft, ob ihr Gebiet tollwutfrei ist. Aber auch wenn das der Fall ist, sollten Erzieherinnen und Kinder im Wald grundlegende Vorsichtsmaßnahmen beachten: Alle Säugetiere und Vögel können an Tollwut erkranken. Infizierte Tiere sind oft zutraulich und lassen sich streicheln. Besonders für Wildtiere ist das kein normales Verhalten. Gerade bei scheinbar zahmen Tieren ist also Zurückhaltung geboten. Die Tollwutviren befinden sich vorwiegend im Speichel erkrankter Tiere. Wird man von einem möglicherweise infizierten Tier gebissen, muss man sofort einen Arzt aufsuchen. Impfköder darf man nicht anfassen, weil sie Tollwutviren in abgeschwächter Form enthalten. Am besten lässt man man den Kindern vom Förster erklären, wie sie funktionieren.

■ Wundstarrkrampf (Tetanus)

Tetanus-Erreger sind in der Erde, verrottetem Holz und in Fäkalien zu finden. Schon in kleinsten Wunden kann es zu einer Infektion kommen. Der Erreger produziert einen organischen Giftstoff und dieser löst eine schwere Erkrankung aus, die für die Hälfte der Patienten tödlich endet. Durch eine Folge von drei Impfungen kann man sich jedoch gegen Tetanus grundimmunisieren lassen. Später wird dieser Schutz durch einmalige Impfungen aufgefrischt. Jedes Kind, das einen Waldkindergarten besucht, muss unbedingt eine Grundimmunisierung aufweisen.

■ Harnwegsinfektionen

Wenn es anhaltend regnet, ist es nicht immer zu vermeiden, dass die Kinder trotz guten Schuhwerks nasse Füße haben. Haben Kinder ungewöhnlich häufig Harndrang, sollte man mit ihnen einen Kinderarzt aufsuchen.

■ Ozon

Ozon gehört mittlerweile wie selbstverständlich zum Sommer. An sonnenreichen und heißen Tagen verbreiten die Medien die aktuellen Werte. Bei hohen Werten wird davon abgeraten, im Freien Ausdauersportarten auszuüben. Kinder und alte Leute sollen möglichst ganz im Haus bleiben. Für Waldkindergärten ist das eine schwierige Situation. Denn es erscheint paradox, mit den Kindern das ganze Jahr bei Wind und Wetter draußen zu sein und dann womöglich ausgerechnet an den wenigen schönen Hochsommertagen den Waldkindergarten zu schließen.

Ozon ist ein Gas und Bestandteil der Luft. An sonnenreichen Tagen entsteht es in bodennahen Luftschichten unter dem Einfluss von Schadstoffemissionen in hoher Konzentration. In den Städten wird es nachts durch bestimmte Schadstoffe wieder abgebaut. So kommt es, dass die Ozonwerte auf dem Lande oft höher sind als in der Stadt. Ist der Ozonanteil der Luft zu hoch, können verstärkter Hustenreiz, Reizungen von Rachen und Hals und Kopfschmerzen auftreten. Die Lungen arbeiten schlechter.

In den frühen Abendstunden ist die Ozonbelastung normalerweise am stärksten. Insofern sind die Waldkindergärten, die vormittags unterwegs sind, nicht in vollem Ausmaß betroffen. Sinnvoll wird es sein, sich an kritischen Tagen genau über die Werte zu informieren und gegebenenfalls darauf zu achten, dass sich die Kinder nicht zu sehr verausgaben. Auch reagieren die Menschen unterschiedlich stark auf Ozon. Erzieherinnen und Eltern sollten die Kinder beobachten und empfindlichen Kindern an solchen Tagen ruhige Beschäftigungen anbieten.

■ Allergische Reaktionen

Bereits Kleinkinder leiden vielfach unter Allergien. Oft sind sie so schwer in den Griff zu bekommen, dass die Eltern dieser Kinder im Zuge leidvoller Erfahrungen mit verschiedenen Therapieansätzen selbst zu Experten werden. Für Erzieherinnen kommt es darauf an, die Kranken-

geschichte des Kindes zu kennen, um auf plötzliche heftige allergische Reaktionen, etwa bei Insektenstichen, vorbereitet zu sein.

■ Ärztliche Voruntersuchung und Impfungen
Nicht nur kränkliche Kinder sollten ärztlich untersucht werden, bevor sie in den Waldkindergarten kommen. Manche Waldkindergärten schreiben das in ihren Kindergartenordnungen zwingend vor. Darüber hinaus müssen die Kinder die üblichen Vorsorgeimpfungen erhalten haben.

■ Behinderte Kinder
Behinderten Kindern hat der Waldkindergarten ebenso viel zu bieten wie Kindern ohne Behinderung. Ob behinderte Kinder mit in den Wald genommen werden können, hängt letztlich von der Art der Behinderung, den äußeren Gegebenheiten und der Personalsituation ab. Maßgeblich ist auch hier das Wohl des Kindes. Viele Waldkindergärten schreiben daher in ihren Statuten, dass sie behinderte Kinder nur dann aufnehmen können, wenn deren besonderen Bedürfnissen Rechnung getragen werden kann. In einzelnen Regionen sehen die Landesjugendämter vor, dass behinderte Kinder nicht in Regelkindergärten aufgenommen werden dürfen. Dort wird es schwierig sein, eine Genehmigung für ihre Integration in den Waldkindergarten zu erhalten.

Ob der Aufenthalt im Wald die Gesundheit der Kinder stärkt, lässt sich noch nicht zuverlässig beantworten. Viele Eltern, die Waldkindergärten gegründet haben, sind mit dieser Überzeugung angetreten. Systematische Untersuchungen stehen noch aus. Einige Tendenzen zeichnen sich jedoch bereits ab: Auch Kinder im Waldkindergarten werden krank, scheinen sich aber in der Regel schneller zu erholen. Besonders Erkältungen klingen an der frischen Luft schneller ab als in geheizten Räumen. Die sogenannten banalen Infekte, die sich die Kinder im Regelkindergarten gerade im ersten Jahr oft reihum zuziehen, haben es im Waldkindergarten schwerer. Die Ansteckungsgefahr ist dort niedriger. Entgegen mancher Befürchtungen kommt es im Wald nur sehr selten zu Unfällen. Kinder handeln hier offenbar weniger ungestüm und unüberlegt. Beobachtungen lassen auch darauf schließen, dass sie motorisch geschickter als ihre Altersgenossen in den Regelkindergärten sind. Schließlich trägt das Spielen im Wald wohl dazu bei, dass Kinder weniger

Haltungsschäden ausbilden. Und natürlich hält sich die Vermutung, dass Kinder, die mehrere Jahre im Waldkindergarten gewesen sind, widerstandsfähiger sind als die Kinder im Regelkindergarten. Die bisherigen Erfahrungen reichen jedoch nicht hin, diese Frage eindeutig zu klären.

16. Hygiene

Hygiene im Wald hat zwei Seiten. Zum einen geht es darum, die Kinder vor Gefahren, die der Wald birgt, zu schützen. Auf der anderen Seite muss man jedoch auch darauf achten, dass nicht die Menschen den Wald verunreinigen. Beim Thema Hygiene geht es demnach in erster Linie um Händewaschen und die Entsorgung menschlicher Fäkalien.

Der erste Aspekt ist eben schon im Zusammenhang mit dem Stichwort Gesundheit zur Sprache gekommen. Sich gründlich die Hände zu waschen, vor allem vor Mahlzeiten, muss den Kindern im Wald zur Selbstverständlichkeit werden. Sie haben dafür nasse Waschlappen in

ihren Rucksäcken oder einen großen Wasserkanister im Bollerwagen. Zuweilen verwenden die Erzieherinnen auch Lavaerde als Ersatz für Seife.

Der zweite Aspekt der Hygiene im Wald betrifft die Notdurft der Kinder. Die Erfahrung zeigt, dass Kinder während der drei bis vier Stunden im Wald nur sehr selten ein Geschäft zu erledigen haben. Es ist hier auch alles etwas komplizierter, was sie von vornherein abschrecken dürfte. Zudem ist es gerade im Winter für die Erzieherinnen mühsam, die Kinder von den verschiedenen Schichten ihrer Kleider zu befreien und anschließend wieder sorgfältig einzupacken. Auch das teilt sich den Kindern mit. Der Körper stellt sich dann um. Für den Fall der Fälle sollte neben Toilettenpapier fürs Kind auch ein Spaten für den Waldboden im Bollerwagen bereit liegen. Übrigens kann es innerhalb des Waldes Wasserschutzzonen geben, in denen man keine Notdurft vergraben darf. Die Erzieherinnen sollten sich darüber beim Gesundheitsamt informieren. Aber auch der Förster wird Bescheid wissen.

Manche Jugendämter verbinden die Betriebsgenehmigung mit der Auflage, im Wald Bioklos einzurichten. Prinzipiell gilt, dass in Waldkindergärten ein vergleichbarer Hygienestandard herrschen sollte wie in Regelkindergärten. Da es im Wald normalerweise keine Toiletten gibt und dort auch keine Waschbecken aufgestellt sind, müssen sich Eltern und Erzieherinnen für den Wald etwas einfallen lassen. Vor allem müssen sie und die Kinder sich bewusster verhalten, um unter weniger bequemen Bedingungen hygienische Verhältnisse zu schaffen. Auch das ist ein Ansatzpunkt für eine ökologisch orientierte Elementarpädagogik.

17. Wetter

Kinder unterscheiden viel weniger zwischen gutem und schlechtem Wetter als Erwachsene. Daher ist das Wetter im Waldkindergarten viel eher ein Problem der Erwachsenen als eines der Kinder – auch deshalb, weil es ihnen mehr Arbeit macht. Wenn die Nässe durch die Regenbekleidung der Kinder gedrungen ist, müssen die Erzieherinnen mit der Gruppe den Zufluchtsort aufsuchen, die Kinder ausziehen, die nassen Sachen zum Trocknen aufhängen und die Kinder warmhalten oder ihnen ihre Ersatzkleidung anziehen. Ähnliches gilt für die Eltern, die sich Sorgen um die Gesundheit der Kinder machen und die unermüdlich deren schmutzige Kleider reinigen. Offenbar fällt es ihnen anfangs schwer, ihre Kinder mit einem Anorak, an dem noch der Dreck der letzten Tage klebt, am nächsten Morgen in den Kindergarten zu bringen. Diese Scheu legt sich aber mit der Zeit.

Auf der anderen Seite machen Erzieherinnen wie Eltern die Erfahrung, dass das Wetter viel seltener schlecht ist, als sie immer gedacht

haben. Sie berichten, dass es nur wenige Tage im Jahr gebe, an denen es vormittags ununterbrochen regne. Vor allem komme es vormittags fast nie zu einem Gewitter. Wenn es doch einmal von ferne donnere, ängstigten sich einige der Kinder. Diese Verunsicherung lasse sich gut mit Geschichten und Spielen um den Donner und ums Gewitter bewältigen. Zieht ein wirkliches Gewitter herauf, sollte man sich allerdings nicht mehr mit Geschichtenerzählen aufhalten, sondern einen sicheren Schutzraum ansteuern. Erreicht man diesen nicht mehr rechtzeitig, so muss man das Gewitter in einem möglichst sicheren Teil des Waldes abwarten. Dafür gelten die bekannten Regeln: Anhöhen und einzeln stehende Bäume oder Felsen sind weniger sicher als tiefer gelegene und weitgehend trocken gebliebene Stellen, etwa an Abhängen oder in dichten jungen Wäldern. Auch sollte man sich nicht dicht aneinanderkauern. Mit verängstigten Kleinkindern bleibt das allerdings Theorie. Anders als beim Gewitter darf man bei starkem Regen dicht zusammen rücken, um sich warm zu halten. Nadelbäume bieten meist einen größeren Schutz als Laubbäume.

Wenn es stürmt, kann es im Wald gefährlich sein. Bäume können umfallen und Äste brechen. Nach dem orkanartigen Sturm am zweiten Weihnachtsfeiertag des Jahres 1999, der in vielen Wäldern in Süddeutschland Verwüstungen anrichtete, bestand noch wochenlang Gefahr, dass weitere bereits angeknickte Bäume und Äste stürzen und brechen könnten. Aber auch nach weniger verheerenden Unwettern sollte man sich beim Förster vergewissern, ob der Wald ohne Gefahr wieder betreten werden kann.

Wenn man über das Wetter im Wald spricht, sollte aber nicht nur von Gefahren die Rede sein. Der Wald bietet auch Schutz: vor Wind, vor Regen und vor Sonne. Gerade kleine Kinder haben eine sonnenempfindliche Haut. Im Wald hat man immer Gelegenheit, den Schatten aufzusuchen, selbst wenn die Gruppe auf einer Lichtung rastet oder am Waldrand auf einer Wiese spielt. Nur dem Ozon, das sich an heißen Sommertagen bildet, kann man sich nicht entziehen (→ Gesundheit, S. 49).

18. Kleidung

Bei der Kleidung im Waldkindergarten geht es um die Kunst, die Kinder so anzuziehen, dass sie weder frieren noch unnötig schwitzen, gegen Zecken geschützt sind und bei alldem genug Bewegungsfreiheit haben.

Für den Sommer empfehlen die meisten Erzieherinnen im Wald langärmelige T-Shirts und Leggins. Im Wald ist es immer etwas kühler als auf dem offenen Feld. Auch lassen sich so manche Kratzer und Schürfwunden vermeiden. Vor allem aber bieten lange Kleidungsstücke Schutz vor Zecken. Aus dem gleichen Grund sollten die Kinder eine Kopfbedeckung aufhaben. Seit vor einigen Jahren Baseball-Mützen populär geworden sind, bedarf das keiner sonderlichen Überredungskunst. Eine Kappe schützt natürlich auch vor der Sonne. Zudem sollten die Kinder im Wald das ganze Jahr über feste Schuhe tragen, in denen sie einen sicheren Halt haben und täglich Strecken marschieren können, die für ihr Alter beachtlich sind.

Die größeren Probleme bringt die Winterbekleidung mit sich. Hier hat sich die Zwiebelmethode bewährt, bei der die Kinder zahlreiche dünne Schichten übereinander gezogen bekommen. Ist sie atmungsaktiv, besteht geringere Gefahr, dass sich die Kinder erkälten. Warme lange

Unterwäsche oder Strumpfhosen bilden die innerste Schicht. Hier ist besonders Wäsche aus Fleece beliebt, weil sie gut isoliert, für Schweiß durchlässig ist und sich zudem leicht reinigen lässt. Die Zwischenschichten werden frei komponiert. Manche Kinder brauchen wärmere Kleidung als andere. Die äußerste Schicht sollte strapazierfähig und möglichst reißfest sein, dazu regenabweisend und abwaschbar. Auch die Handschuhe sind am besten wasserdicht und an den Unterarmen so lang, dass zwischen Jacke und Handschuh die Gelenke nicht bloß liegen. Dasselbe gilt für die festen imprägnierten Schuhe, in denen nach Möglichkeit zwei Socken Raum haben. Bei starkem Regen weicht man vielleicht auf Gummistiefel aus. Zusätzlich kann man Isoliersohlen einlegen. Auf den Kopf gehört im Winter natürlich eine Mütze, die auch die Ohren schützt. Wichtig ist ferner, dass der Hals warm ist. Schals sind für Kinder oft lästig. Dann bieten Kragenmützen eine Alternative. Kapuzen sind ebenso ein guter Schutz, wenigstens für den Nacken. Man kann sie natürlich auch zusätzlich über die Mütze ziehen.

In manchen Waldkindergärten gehört eine Buddelhose, die Schutz vor Nässe und Schmutz bietet und mit einem Schwamm abgewaschen werden kann, zur Grundausstattung. Bei heftigem Regen bewährt sich neben der üblichen Regenkleidung auch der Südwester, dessen breite Krempe dafür sorgt, dass den Kindern das Wasser nicht am Gesicht herunterläuft. Die Rucksäcke, in denen die Kinder ihre persönliche Ausrüstung tragen, sollten breite Trageriemen haben, die nicht an der Schulter drücken.

Die richtige Kleidung ist ein Thema, das unter Eltern immer wieder zur Sprache kommen wird. Einen solchen Austausch sollte man ermuntern und notfalls, etwa an einem Elternabend, auch regelrecht organisieren. Er kann dazu beitragen, dass die Eltern viel Geld sparen, indem sie sich gegenseitig aushelfen oder auf günstige Angebote aufmerksam machen.

In mancher Hinsicht ist die Kleidung im Waldkindergarten ein Ersatz für das Gebäude, das die Kinder im Regelkindergarten umgibt. Natürlich kostet sie etwas mehr als die Kleidung, die die anderen Kinder benötigen, auch wenn die Differenz so groß nicht zu sein scheint; immerhin brauchen ja auch die Kinder der gewöhnlichen Kindergärten eine Garnitur für draußen. Vielleicht gibt es aber auch hier und da die Möglichkeit, das Jugendamt davon zu überzeugen, die öffentlichen Mittel, die anderswo dafür aufgewendet werden müssen, die Kindergartengebäude instand

zu halten, im Waldkindergarten, wenigstens zu einem kleinen Teil, als Bekleidungszuschuss bereitzustellen.

19. Öffentlichkeitsarbeit und andere Waldnutzer

Wer etwas Neues probiert oder einfordert und dabei auf öffentliche Mittel angewiesen ist, muss sich in besonderer Weise um eine breite Akzeptanz bemühen. So hat eine neue Idee wie der Waldkindergarten zwar besondere Vorbehalte zu überwinden; auf der anderen Seite genießt sie den Vorteil, eben darum Interesse zu wecken, weil sie neu ist. Die Medien haben immer ein Faible für alles Neue. Entsprechend konnten sich gerade die ersten Waldkindergärten über mangelnde Aufmerksamkeit nicht beklagen. Sie mussten allerdings darauf achten, dass die Reportagen nicht zu einseitig gerieten und nur das Ausgefallene und Spektakuläre hervorhoben, anstatt über die vielfältigen alltäglichen Erfahrungen zu berichten.

Neben den Medien können auch die politisch Zuständigen und die Träger ein eigenes Interesse daran haben, die Waldkindergärten zu einem öffentlichen Thema zu machen. Sie stellen sich auf die Seite der aktiv Beteiligten und fördern die Idee mit Projekten und Berichten. Mit solchen Projekten weisen sich Politiker als fortschrittlich und aufgeschlossen aus und betreiben auch Imagepflege in eigener Sache. Öffentlichkeit bedeutet demnach, wie überall, auch für den Waldkindergarten: die Hände, die sich einem hilfreich entgegenstrecken, zu nehmen, ohne sich Illusionen darüber zu machen, dass auch die Helfer Interessen haben, die sich mit den eigenen nicht decken. Man darf sich hierbei nur nicht über den Tisch ziehen lassen. Wer diesen Spagat beherrscht, wird sich öffentlich wirkungsvoll präsentieren.

Eine weitere Möglichkeit für Öffentlichkeitsarbeit ist das Internet. Eine beachtliche Zahl von Waldkindergärten hat im Internet eine eigene *homepage* eingerichtet. Diese Entwicklung ist geeignet das Vorurteil auszuräumen, dass Liebe zur Natur reflexartig mit Technologiefeindlichkeit einhergeht.

Mit einer eingeschränkteren Öffentlichkeit haben es die Waldkindergärten im Wald selbst zu tun, wenn sie anderen Personen begegnen, die dort Erholung suchen. Auch auf ihre Bedürfnisse muss man Rücksicht nehmen. Meistens gibt es dabei keine Probleme. Ältere Leute zeigen sich erfreut, wenn Kinder, wie sie selbst seinerzeit, wieder vermehrt im Wald spielen. Etwas problematischer ist es mit Radsportlern. Waldgebiete in Hanglagen können zuweilen von beliebten Mountainbike-Rennstrecken durchzogen sein. Die Radfahrer sind glücklicherweise meist zu Zeiten unterwegs, zu denen die Waldkinder sich nicht dort aufhalten. Zur Not muss man versuchen, verbindliche Absprachen zu treffen, damit weder die Kinder noch Radfahrer, die im letzten Moment bremsen oder ausweichen, unnötig gefährdet sind. Noch schwieriger gestalten sich

Begegnungen mit Hundebesitzern, die regelmäßig durch dasselbe Waldgebiet streifen. Die Kinder jagen den Hunden keine Angst ein, umso mehr aber die Hunde den Kindern. Hundebesitzer zeigen sich in dieser Frage nicht immer sehr einsichtig. Sie wissen schließlich, wie gutmütig ihr Hund ist und dass er nur mitspielen will. Wenn Kinder panikartig darauf reagieren und nun auch ihrerseits den Hund verstören, können Hundebesitzer zuweilen auch laut und unangenehm werden. Damit es dazu nicht kommt, sollte man frühzeitig mit ihnen ins Gespräch kommen und gewisse Regeln absprechen, die das Miteinander von Kindern und Hunden im Wald erleichtern. Kommt es dennoch zu einem starken Konflikt, kann man den Förster einschalten. Für Notfälle haben manche Erzieherinnen übrigens einen Hundealarm bei sich, dessen sehr schriller Ton die Hunde verjagt. Was die Waldtiere davon halten, wissen wir nicht.

20. Ausbildung und Fortbildung

Da Waldkindergärten gewissermaßen an der Basis entstanden sind, hinkt die Ausbildung der Praxis hinterher. Gerade Praktikantinnen, die direkt von der Fachschule kommen, beklagen, dass sie nur sehr unzureichend auf die besonderen Anforderungen einer Elementarpädagogik im Wald vorbereitet seien. Aus Sicht der Fachschulen ist dies jedoch unvermeidbar, da Waldkindergärten auch heute noch eine kleine Minderheit innerhalb der gesamten Kindergartenlandschaft darstellen. Daher können ihre besonderen Interessen innerhalb der allgemeinen Ausbildung auch nur ein geringes Gewicht haben. Andererseits haben, wie anfangs berichtet, inzwischen viele Regelkindergärten und Kindertagesstätten Impulse, die von den Waldkindergärten ausgingen und noch ausgehen, in ihr Konzept aufgenommen. Vielerorts hat daher die Naturerziehung mittlerweile auch jenseits der reinen Waldkindergärten einen Aufschwung erfahren. Es wäre schade, wenn dieses breitere Interesse nicht auch in der Ausbildung aufgegriffen würde. Aus dieser Sicht wäre auch die Möglichkeit, an einigen ausgewählten Fachschulen eine Spezial- oder Zusatzausbildung für Erzieherinnen im Waldkindergarten einzurichten, sicher nur die zweitbeste Lösung.

Solche spezialisierten Angebote machen seit einiger Zeit Anbieter wie das Naturschutz-Zentrum Hessen, wo man eintägige Seminare wie „Kindergarten im Wald (I): Naturerlebnis" oder „Kindergarten im Wald (II): Musisch/Kreativ" besuchen kann. Auch die Gründerinnen des ersten deutschen Waldkindergartens in Flensburg veranstalten Fortbildungen. Größer konzipiert ist die berufsbegleitende „Fachfortbildung Erzieher/in im Waldkindergarten", die die Naturschule Freiburg anbietet. Sie findet an sechs Wochenenden statt, die sich beinahe über ein ganzes Kalenderjahr verteilen, damit die Teilnehmer am Ende nicht nur oft genug, sondern auch zu jeder Jahreszeit mit ihren Lehrkräften im Wald gewesen sind. Auf dem Lernplan stehen „Förderung, Entwicklung und Bildung im Waldkindergarten" sowie „Geländekunde und Alltagspraxis" und „Management des Waldkindergartens". Aus den Erfahrungen solcher Fortbildungen werden dann auch die ersten systematischen Lehrbücher für Erzieherinnen im Wald entstehen. In Freiburg jedenfalls ist das fest geplant.

Bis dahin indessen ist die Literatur zum Thema verstreut und unzusammenhängend. So kommt es für die Erzieherinnen, die als, wie sie selbst sagen, waldpädagogische Laien ins Berufsleben entlassen werden, bis auf weiteres darauf an, dass sie herausfinden, an wen sie sich wenden können, wenn sie Fragen haben. Dabei stellt sich heraus, dass es eine Menge Ansprechpartner gibt: den Förster, den BUND und andere Naturschutzverbände, die Schutzgemeinschaft deutscher Wald, die Pilzberatungsstelle, das Umweltamt, Biologielehrer der örtlichen Schulen, Landwirte, Ärzte. Indem man auf diese Institutionen und Personen, die normalerweise selbst ein überdurchschnittliches Interesse an der Natur haben, zugeht, betreibt man gleichzeitig eine sehr gezielte Öffentlichkeitsarbeit. Zu den persönlichen Voraussetzungen, die Erzieherinnen im Wald nach ihrer eigenen Aussage mitbringen sollten, gehört eine gewisse praktische Veranlagung, die Fähigkeit zu improvisieren und bereits im Voraus eine gute Ortskenntnis. Erzieherinnen im Waldkindergarten sollten ihr Waldstück nicht erst mit den Kindern entdecken.

4 Der Tag im Waldkindergarten

Kein Waldkindergarten gleicht ganz dem anderen. Dennoch verläuft in den meisten der Vormittag nach einem relativ konstanten Schema. Zu Beginn des Waldkindergartenjahres erleichtert dieses feste Programm vor allem den neuen Kindern die Orientierung. Bei einer gut aufeinander eingespielten Kindergruppe, die den Wald zudem schon gründlich erkundet hat, wird man hingegen das Schema variieren, um ab und zu ein spannendes neues Element in den Alltag einzuführen.

1. Wie die Kinder im Wald den Morgen begrüßen – und wie es dann weitergeht

Morgens versammelt sich die Gruppe am Treffpunkt. Das ist zumeist ein Waldparkplatz oder ein anderer verkehrstechnisch günstig gelegener Ort am Waldrand. Idealerweise befindet sich hier auch die Schutzhütte bzw. der Bauwagen. Wenn alle Kinder eingetroffen sind, stellen sie sich zum Morgenkreis auf. Die Erzieherinnen singen mit den Kindern und vielleicht auch mit einigen Eltern, die noch einen Moment Zeit haben, ein Lied oder machen ein Singspiel, um den Tag und einander zu begrüßen. Dann aber geht es gleich los. Bis zu einer Stunde lang marschieren die Kinder im Wald, bevor sie ihr erstes Ziel erreichen: den Frühstücksplatz. Die Distanz, die sie dabei zurücklegen, ist nicht sehr groß. Immer wieder kommt es zu Aufenthalten, weil die Kinder Entdeckungen machen, denen sie dringend nachgehen müssen. An manchen Wegen gibt es auch feste Stationen; etwa ein Ameisenhaufen, dem die Kinder täglich einen Besuch abstatten. So ist schon der Marsch zum Frühstücksplatz gesäumt mit kleinen Erlebnissen.

Das gilt auch für Waldgruppen, die nicht direkt am Waldrand zusammenkommen. Vielfach handelt es sich dabei um Wandergruppen von Kindertagesstätten. Sie marschieren durch Wohngebiete und Felder auf den Wald zu. Für sie wird die größere Freiheit, die sie im Wald genießen, besonders sinnfällig. Solange sie den Straßenverkehr noch nicht hinter sich gelassen haben, müssen sie diszipliniert zu zweien gehen, später erst dürfen sie alleine laufen. Die einzige Regel im Wald ist, dass sie nur so weit rennen dürfen, dass die anderen sie noch sehen. Auch auf dem Weg durch die Felder ist für Abwechslung gesorgt. Die Kinder schauen den Bauern zu, die mit ihren riesigen Traktoren das Feld bearbeiten. Vielleicht liegt am Wegrand auch ein toter Hase, dessen von Tag zu Tag fortschreitende Verwesung die Kinder aus gebührendem Abstand studieren. Aber auch weniger spektakuläre Objekte sind imstande, Kinder nachhaltig zu beschäftigen. So können sie einen halben Vormittag damit verbringen, einige seltsam geformte Steine zu untersuchen. Das Tagesschema hat sich dem anzupassen.

Idealtypischerweise kommt die Gruppe aber nach etwa einer Stunde doch am vorgesehenen Platz an. Die Kinder waschen sich die Hände, holen die kleinen Isomatten und ihr Frühstück aus dem Rucksack und machen Pause. Meistens handelt es sich dabei um das zweite Frühstück. Wenn die Kinder gleich am Morgen eine gewisse Strecke laufen, so sollten sie zuvor bereits eine kleine Stärkung zu sich genommen haben – entweder am Treffpunkt oder zu Hause bzw. in der Tagesstätte, von der aus sie aufgebrochen sind. Die meisten Waldgruppen halten sich auch über die Mahlzeit hinaus am Frühstücksplatz auf. Die einen Kinder können dann schon spielen, während die anderen noch in Ruhe aufessen. So kommt weder Ungeduld noch ein Gefühl der Hetze auf.

Die Zeit nach dem Frühstück steht den Kindern zumeist frei zur Verfügung. Später versammelt sich die Gruppe zu gemeinsamen Aktivitäten. Möglicherweise sucht sie dazu noch einen anderen Ort auf. Dann machen sich die Erzieherinnen mit den Kindern wieder auf den Weg zum Treffpunkt. Je nach Wetter und Jahreszeit statten sie dabei noch weiteren Lieblingsplätzen der Kinder einen Besuch ab. Bevor die Gruppe von einem Ort, an dem sie eine Rast eingelegt hat, wieder aufbricht, versammelt sie sich und dann wird durchgezählt, damit niemand verloren geht. Auch müssen die Kinder an ihre Rucksäcke denken. Am Treffpunkt gibt es gegebenenfalls noch eine kleine gemeinsame Schlussaktion, ein weiteres Lied oder ein Fingerspiel. Das ist aber nicht die Regel. Normalerweise bleibt gerade Zeit für ein kurzes Informationsgespräch zwischen Eltern und Erzieherinnen. Wenn die Eltern ihre Kinder am Ende des Vormittages abholen, gleicht der Waldkindergarten dem Regelkindergarten.

2. Welche Plätze die Waldgruppe aufsucht

Nicht nur ein weitgehend festgelegter Tagesablauf vermittelt Orientierung im Kindergarten „ohne Tür und Wände". Besondere Orte tragen ebenfalls dazu bei, dass die Topographie des Waldes kenntlich wird und man sich dort heimisch fühlen kann. Erzieherinnen machen die Erfahrung, dass Kinder an bestimmten Orten die Spiele, die sie zuletzt hier gespielt haben, sofort wieder aufgreifen. Auch das bedeutet Kontinuität und Zusammenhang. Über seine besonderen Orte wird der Wald zum gleichermaßen geographisch wie inhaltlich deutlich strukturierten Raum.

Selbstverständlich wird ein Ort auch dann, wenn man ihm selbst einen Namen gibt. Es zeigt, dass man einen besonderen Bezug zu ihm aufgebaut hat. Diese Einsicht in die Bedeutung von Eigennamen haben sich etwa die Erzieherinnen eines Waldkindergartens in Bergisch Gladbach zu eigen gemacht und für charakteristische Orte ihres Waldes feste Bezeichnungen gefunden. Die Kuhle ist eine Mulde, die von einigen alten Buchen gesäumt wird, deren Wurzeln teilweise bloßliegen und als Kochnischen, Eisdielen oder Schränke dienen. Der sandige Boden der Kuhle bildet einen natürlichen Sandkasten. Den Kindern gefällt die Kuhle auch darum besonders, weil sie sich dort geborgen fühlen. Der Kletterbaum ist eine alte Buche, die der Förster fällen musste und auf die

Bitte der Waldgruppe hin liegen ließ. Man kann auf seinen Ästen aber nicht nur klettern, sondern auch wippen und schaukeln. Der Bach bietet Gelegenheit zu unendlich vielen Spielen. Da die meisten Kinder keine

Bedenken haben, sich dort nass zu machen, sucht die Gruppe ihn allerdings vor allem in der warmen Jahreszeit auf; und auch dann achten die Erzieherinnen darauf, dass der Bach erst zum Abschluss des Vormittags auf dem Programm steht. Eine etwas abgelegene Stelle des Waldes ist der Schlupfwinkel. Dort haben die Erzieherinnen mit den Kindern ein Haus aus Reisig gebaut, das mal als Indianerzelt, mal als Krankenhaus dient. Die Kinder greifen hier alle Rollenspiele, die mit Behausungen zu tun haben, auf. Die Sonnenwiese befindet sich in der Nähe des Bauwagens. Dort liegt man auf der faulen Haut und genießt die ersten warmen Stunden des Jahres oder die letzten, wenn der Herbst naht. Zudem gibt es da eine Kiefer, die ihre Äste weit herunter hängen lässt. Wird es in der Sonne zu heiß, kann man den Schatten aufsuchen. Da Kinder aber weniger lang als Erwachsene still in der Sonne liegen mögen, gehen sie auch gerne auf den Acker. Dort gibt es einen weiteren Kletterbaum, aber auch einen vermoosten Baumstumpf, der traditionellerweise als Ladentheke fungiert, auf der die Kinder mit verschiedenen Produkten des Waldes, Stöcken, Fichtenzapfen, Rinde oder Bucheckern, Handel treiben. Zahlungsmittel sind kleine Steinchen.

Andere Waldgebiete haben andere Anziehungspunkte. Sie tragen auf natürliche Weise dazu bei, das je eigene Profil der Waldkindergärten zu formen. So gibt es welche, die zwei verschiedene Kuhlen haben, also etwa neben einer kleinen Kuhle noch eine große Kuhle oder eine alte Kuhle und eine neue Kuhle. Der Elefantenplatz trägt seinen Namen aufgrund einer Anzahl großer abgesägter Baumstümpfe, die wie Elefantenfüße aussehen. In manchen Wäldern steht ein Mäusebaum. In anderen Waldgebieten gibt es so märchenhaft versponnene Plätze, dass die Kinder

sie schlichtweg zum Märchen- oder zum Geschichtenort erkoren haben. Ein besonders geheimnisvoll verwachsener Baum kann allen als Eulenbaum geläufig sein und möglicherweise weiß niemand mehr so genau, wie er zu diesem Namen gekommen ist, weil die Kinder, die ihn zuerst so genannt haben, mittlerweile gar nicht mehr im Kindergarten sind. Hat dort einmal eine Eule gewohnt? Oder sieht der Baum vielmehr nicht zuweilen selbst ein wenig wie eine Eule aus? Das ist nicht mehr zu klären. Der besonderen Atmosphäre, die in der Nähe des Eulenbaums herrscht, tut das aber keinen Abbruch. Da Eulen besonders weise Tiere sein sollen, ist es genau der richtige Ort, um einander Rätsel aufzugeben. Möglicherweise kann man sich, wenn es einmal Unstimmigkeiten geben sollte, auch unter dem Baum zusammensetzen und unter der Aufsicht der klugen Eule leichter zu einer Lösung kommen, die allen gerecht wird.

In manchen Waldstücken gibt es auch Tannen oder Fichten, deren Zweige so dicht sind und so tief hängen, dass sie natürliche kleine Wohnungen bilden. An solchen Orten kann eine ganze Tannensiedlung entstehen. Wenn man die Kinder, die dort allein oder mit ihren besten Freunden hausen, in ihrer Waldwohnung besuchen will, muss man draußen an den Zweigen klingeln.

3. Zu welchen Aktivitäten der Wald einlädt

Aktiv sind die Kinder im Wald beinahe die ganze Zeit. Dabei macht es aber einen Unterschied, ob sich diese Aktivität frei entfaltet oder ob sie von den Erzieherinnen gelenkt wird. Beides erfüllt seinen je eigenen pädagogischen Zweck.

Das freie Spiel nimmt im Waldkindergarten großen Raum ein. Es kann sich schon auf dem Weg zum Frühstücksplatz am geringsten Anlass entzünden. Seine eigentliche Stunde kommt in den meisten Waldkindergärten jedoch nach dem Frühstück. Die Gruppe rastet dann an einem Ort, die Rucksäcke sind abgelegt, der Hunger ist gestillt. Die Kreativität erwacht. Nun kommt es darauf an, welche Anregungen der Platz bietet. Befinden sich die Kinder am Bach, so errichten sie Staudämme, lassen Schiffe zu Wasser, angeln mit Stöcken nach großen Blättern oder spielen Piraten. In einem Waldkindergarten gibt es beim Frühstücksplatz eine Kuh, für die die Kinder eigens einen Stall errichtet haben. Die meisten Erwachsenen, die von ihren Kindern mit der Kuh bekannt gemacht werden, haben den Eindruck, dass es sich lediglich um ein Stück Holz handele. Die Kinder haben einen schärferen Blick und erkennen sogar, ob die Kuh wohlauf ist. Macht sie einen kränklichen Eindruck, so wird sie versorgt und bis auf weiteres nicht gemolken. Beim Schlupfwinkel spielen die Kinder Familie oder erledigen mit frischem Reisig Renovierungsarbeiten am gemeinsamen Haus. Sie sind in imaginären Fahrzeugen unterwegs, kochen seltsame Gerichte und schließen Geschäfte ab wie die Erwachsenen auch. Wenn der Sommerurlaub nahe rückt, packen sie die Koffer. Kinder im Waldkindergarten spielen vielfach dieselben Spiele wie ihre Altersgenossen im Regelkindergarten. Nur ist ihre Phantasie anders gefordert.

Die gelenkten Aktivitäten stehen ebenfalls nach dem Frühstück auf dem Programm. Erzieherinnen, die situationsbezogen arbeiten, greifen dabei vielfach Anregungen auf, die die Kinder selbst eingebracht haben. Beispielsweise entdecken die Kinder im Frühjahr auffallend viele Raupen, die sie eingehend untersuchen. Wie sehen sie aus? Wo kommen sie vor? Wie verhalten sie sich? Die Erzieherinnen können dieses Interesse verstärken, indem sie den Kindern erklären, wie sich eine Raupe in einen Schmetterling verwandelt, und diese Entwicklung gemeinsam mit den Kindern bei einer Raupe genau beobachteten. Das Thema Raupe und Schmetterling bietet aber auch Anlass zu ganz anderen Beschäftigungen. Die Kinder lernen ein Lied, das von einer Raupe handelt, und tanzen mit Seidentüchern, die sie zuvor bemalt haben, einen Tanz, der darstellt, wie aus der Raupe ein Schmetterling wird. Man kann Raupen und Schmetterlinge basteln, Geschichten dazu erzählen und sich Schmetterlingsgesichter schminken. Das Thema ist am Ende umfassend behandelt und eine Reihe ganz verschiedener Fähigkeiten wird dabei unversehens

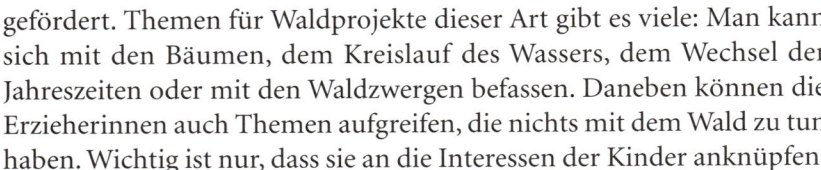

gefördert. Themen für Waldprojekte dieser Art gibt es viele: Man kann sich mit den Bäumen, dem Kreislauf des Wassers, dem Wechsel der Jahreszeiten oder mit den Waldzwergen befassen. Daneben können die Erzieherinnen auch Themen aufgreifen, die nichts mit dem Wald zu tun haben. Wichtig ist nur, dass sie an die Interessen der Kinder anknüpfen.

Da der Wald von selbst dazu einlädt, den Bewegungsdrang auszuleben, werden die Erzieherinnen bei den gelenkten Aktivitäten darauf achten, dass sich die Kinder auch ausreichende Zeit ruhig beschäftigen. Wie im Regelkindergarten sitzen die Kinder bisweilen zusammen und hören Geschichten, die sie hinterher diskutieren. Sie können sich im Wald, obwohl es dort immer viel zu sehen gibt, auch ruhig einmal ein Bilderbuch anschauen. Mit herbstlich eingefärbten Blättern kann man, wenn es windstill ist, ein prächtiges Mosaik legen. Und wenn die Kinder ihren Forscherdrang ausleben und besonders winzige Tiere oder die feinen Adern eines Blattes unter die mitgebrachte Lupe nehmen, um alle Einzelheiten genau zu erkennen, erfordert das ebenfalls große Ruhe und Ausdauer.

4. Wie die Kinder die Jahreszeiten erleben

Unter dem Einfluss der wechselnden Jahreszeiten verändern sich sowohl die Orte wie auch die Aktivitäten im Wald. Der Bach friert im Winter zwar nicht wirklich zu, aber am Rande bildet sich Eis. Die Sonnenwiese ist dann zeitweise so verschneit, dass sie weniger zu einem Sonnenbad als zu einer Schneeballschlacht einlädt. Die Tannensiedlung ist auf einige Zeit unbewohnbar, da der Schnee so schwer auf den Zweigen liegt, dass man jederzeit mit Dachlawinen rechnen muss.

Mit klarer Kälte kommen die Waldgruppen gut zurecht. Voraussetzung ist natürlich, dass alle Kinder ihrer individuellen Kälteempfindlichkeit gemäß angezogen sind. Die Tage beginnen mit bewegungsreichen Spielen. Ist den Kindern innerlich warm geworden, kann man aber auch bei Minustemperaturen ruhigen Beschäftigungen nachgehen. Nasskaltes Wetter drückt dagegen nicht nur bei den Erzieherinnen auf die Stimmung. Wenn der Himmel verhangen und der Wald in Nebel gehüllt ist, fühlen sich auch die Kinder unbehaglich. Auf der anderen Seite wirkt der Wald an diesen Tagen auf eine besondere Weise geheimnisvoll; und die Angstlust, die mit Geheimnissen verknüpft ist, übt auf Kinder immer große Anziehungskraft aus.

Im Frühjahr erwacht die Natur aus dem Winterschlaf. Den kahlen Bäumen wächst neues Laub. Nach und nach öffnen die Waldblumen ihre Knospen. Käfer sind unterwegs. Im Tümpel laichen die Frösche. Täglich machen die Kinder neue Entdeckungen, die ihre Aufmerksamkeit fesseln. Das Programm für den Waldkindergarten stellt die Natur in diesen Wochen selbst zusammen. Die Erzieherinnen müssen ihre Anregungen und die Beobachtungen der Kinder nur aufgreifen und Zusammenhänge stiften. Hatten die Waldkinder im Herbst großen Spaß mit dem Springkraut, dessen Fruchthülsen schon bei leichter Berührung aufsprangen, dürfen sie jetzt im Frühjahr nicht achtlos hindurch laufen,

wenn sie auch im kommenden Herbst wieder damit spielen wollen. Da die Kinder im Frühjahr mindestens schon ein halbes Jahr im Waldkindergarten sind, hat auch ihre körperliche Ausdauer zugenommen sowie ihre Fähigkeit, sich längere Zeit zu konzentrieren. Das kommt ihnen nun zugute, wenn sie Tiere und Pflanzen beobachten. Wer nicht nach zehn Minuten erschöpft ist oder zappelig wird, erlebt mehr.

Die Kinder lernen auch, den richtigen Abstand zu Vogelnestern einzuhalten. So können sie beobachten, wie die Eltern für ihre Jungtiere, die vor kurzem geschlüpft sind, Nahrung heranschaffen und Würmer in die gierig aufgesperrten Schnäbel der Kleinen stopfen. Geht man aber zu nah heran, so fühlen sich die Tiere gestört. Auch aus einer respektvollen

Distanz kann man viele interessante Beobachtungen machen. Wie bauen die Vögel beispielsweise ihre Nester? Welches Material verwenden sie dabei? Welcher Vogelart gehören sie an? Bauen die verschiedenen Arten ihre Nester auf verschiedene Weise? Wählen sie dafür charakteristische Plätze? Kann man so ein Vogelnest auch nachbauen? Vielleicht baut daraufhin jeder ein kleines Nest und anschließend bauen alle zusammen ein Nest, das groß genug ist, um ein paar Kinderküken zu beherbergen. Was machen die anderen Kinder, wenn sie ihren Schnabel aufsperren? Wohl oder übel müssen sie sie füttern. Natürlich nehmen sie dazu keine Würmer. Aber mit einer Mohrrübe sollten die Küken zufrieden sein.

Im Sommer, vor allem wenn es heiß ist, spielen die Kinder besonders gerne am Bach. Erzieherinnen, die mit ihrer Gruppe regelmäßig das Wasser aufsuchen und die Kinder dort auch planschen lassen, sollten sich zuvor über die Qualität des Wassers informieren. Die Kommunen fertigen jedes Jahr Gewässergüteberichte an. Auch der Förster und Naturschutzverbände können darüber Auskunft geben, wie rein das Wasser ist.

Da man im Sommer ohne weiteres auch einmal für längere Zeit stillsitzen kann, ohne sich zu verkühlen, werden die Erzieherinnen diese Wochen verstärkt dazu nutzen, Angebote zur Förderung feinmotorischer Fähigkeiten zu machen.

Im Spätsommer kommt dann die Erntezeit. Vielleicht geht nun die Gruppe an manchen Tagen nicht in den Wald, sondern auf die Felder und schaut zu, wie die Landwirte die Ernte einbringen. Aber auch im Wald sind die Früchte reif. Waldbeeren darf man zwar sammeln, aber nicht gleich in den Mund schieben. Das ist hart, doch leider nicht zu ändern. Kinder müssen wissen, wie krank sie werden können, wenn sie sich an diese Regel nicht halten. Vielleicht ist es ein Trost, an die Marmelade zu denken, zu der sie die Beeren mit den Erzieherinnen verkochen werden. Ein Glas Marmelade ist auch ein sehr geeignetes Geschenk für die Eltern. Das sehen Kinder ein. Wenn sie es fertig bringen, ihre augenblicklichen Bedürfnisse aufzuschieben und die Beeren nicht sofort zu essen, bleiben sie gesund und haben hinterher noch Freude an den weiterverarbeiteten Beeren; oder sie können anderen eine Freude damit machen.

Später im Herbst färben sich die Blätter und der Wald und die Laubbäume erscheinen täglich in einem anders getönten Blätterkleid. Noch später werfen sie die Blätter dann nach und nach ab und stehen den

Winter über ganz ohne Kleid da. Das ist seltsam, denn schließlich wird es nun immer kälter und die Kinder haben selbst zusätzliche Kleidungsschichten an, um nicht zu frieren. Auch viele der Waldtiere, die man übrigens nur noch selten zu Gesicht bekommt, tragen jetzt ihr Winterfell. Die Erzieherinnen können gemeinsam mit den Kindern überlegen, warum sich die Bäume so unlogisch verhalten. Offenbar hält ihr Blätterkleid gar nicht warm. Es ist nur ein bildhafter Ausdruck. Wozu aber sind denn dann die Blätter da? Warum fallen sie im Herbst ab und wachsen erst im Frühjahr wieder neu? Dass die Blätter im Herbst auf dem Boden liegen, bietet jedenfalls Anlass zu vielen Spielen. Wenn man durch trockenes Laub schlurft, raschelt es unwiderstehlich. Man kann das Laub auch hochwerfen und auf sich selbst oder andere Kinder niederregnen lassen.

5. Was Kinder im Waldkindergarten an besonderen Tagen tun

Besondere Tage im Waldkindergarten sind Feste und Ausflüge. Zu den Festen gehören die Geburtstage, an denen ähnlich wie im Regelkindergarten etwas Außergewöhnliches auf dem Programm steht, das den Neigungen des Geburtstagskindes besonders entspricht. Hat ein Kind einen Lieblingsplatz im Wald, so findet der Geburtstag dort statt. Andere Feste, denen Kinder entgegenfiebern, sind Ostern, der Nikolaustag oder Weihnachten. Beim Osterfest dürfen die Ostereier natürlich nicht zu zahlreich und klein und nicht so sicher versteckt sein, dass sie nicht mehr auffindbar sind und schließlich im Wald liegen bleiben. In manchen Waldkindergärten werden auch die Eltern und Geschwister zu einem Osterfrühstück eingeladen. Die Waldgruppe hat Osterbrote gebacken. Anschließend finden Wettspiele statt, die einen Bezug zu Ostern haben wie das Eierlaufen. Auch der Sommer bietet Gelegenheit für ein großes Fest. Nun kann man sogar einmal am Abend zusammenkommen, weil es erst spät dämmert.

Der Herbst ist die Zeit für Laternenfeste. Die Kinder haben in den Wochen zuvor Laternen gebastelt und dabei natürlich, so weit es möglich war, Material aus dem Wald verwendet. Der Festplatz wird mit Rüben und Kürbisgeistern geschmückt. Ist eine Grillstelle vorhanden, gibt es gegrillte Würstchen und Stockbrot zu essen und einen Kinderpunsch zu trinken. Im Waldkindergarten Reichenbach zeigen die Erzieherinnen den Kindern und ihren Familien zum Abschluss Dias, die die Aktivitäten der Waldgruppe der zurückliegenden Wochen dokumentieren. Niemand hat hinterher noch Zweifel, dass es im Wald möglicherweise eintönig zugehe.

Wie Nikolaus im Waldkindergarten Station macht, dokumentiert der zweite Waldkindergartenfilm von Kurt Gerwig. Die Kinder versammeln sich am Morgen mit ihren Eltern und den Erzieherinnen vor dem Bauwagen und rufen den Nikolaus heraus. Endlich öffnet sich das Fenster und ein langer weißer Bart und eine rote Kapuze kommen zum Vorschein. Auch in diesem Jahr kann der Nikolaus die Rute im Gürtel stecken lassen und jedes Kind bekommt eine Kleinigkeit. Dann muss der Nikolaus zum nächsten Termin. Noch nie war sein Abgang so eindrucksvoll wie hier im Wald, wo sein kräftigroter Mantel noch lange im Schnee leuchtet, bevor er zwischen den Bäumen verschwindet.

Ausflüge gehen oft auf die Initiative von Eltern zurück, die Verbindungen zu Personen und Institutionen haben, die für ihre Kinder interessant sind. So kann die Waldgruppe einmal einen Bauernhof besuchen und dort vielleicht auch die Ställe besichtigen. Der Förster lädt die Kinder sicher gelegentlich ins Forstamt ein, selbst wenn es dort auf den ersten Blick nicht viel zu sehen gibt. Nachdem die Kinder erfahren haben, dass in einem anderen Teil des Waldes Waldarbeiten stattgefunden haben und viele Bäume gefällt wurden, möchten sie wahrscheinlich gerne einmal ein Sägewerk besuchen. Auf Baumstämmen, die am Wegrand zum Abtransport bereit liegen, sollen die Kinder übrigens nicht klettern und balancieren, denn die Stämme können ins Rollen geraten. Mit dem Holz hängt auch das Tischlerhandwerk zusammen. Sicherlich gibt es in der Nähe eine Tischlerei, in der die Kinder einmal im Jahr willkommen sind.

Weitere Exkursionen können die Waldkinder in ein Wasserwerk oder zu einer Mühle führen. Vielleicht lässt sich auch eine Besichtigung einer Kläranlage organisieren. Und bestimmt würde es die Kinder interessieren, einmal einem Biologen dabei über die Schulter zu schauen, wie er die Reinheit des Wassers misst.

Die meisten Kinder gehen gerne in den Zoo. Kinder aus dem Waldkindergarten haben dort Gelegenheit, Tiere zu erleben, die im Wald nicht vorkommen und denen sie dort auch lieber nicht begegnen würden. Da sie aber im Wald gelernt haben, Tiere zu beobachten, werden sie auch im Zoo besonders intensive Eindrücke haben. Sie haben auch die Möglichkeit, Vergleiche zwischen den Tieren im Wald und denen im Zoo anzustellen. Für die Erzieherinnen und Eltern, die an dem Ausflug teilnehmen, wird es interessant sein zu erfahren, was die Waldkinder über den Zoo denken.

Man kann mit den Kindern auch Museen besuchen. Selbst wenn dort nur Bilder hängen, kann das für Kinder interessant sein. Es ist erstaunlich, wie stark sich insbesondere Maler früherer Zeiten mit der Natur und besonders mit dem Wald beschäftigt haben. Die Kinder können entscheiden, ob der Wald auf den alten Bildern anders aussieht als der, der ihnen vertraut ist. Sie können sich überlegen, wie sie selbst den Wald malen würden. Es muss aber gar nicht bei der Überlegung bleiben. Im Museum können sich die Kinder Anregungen für eigene Waldbilder holen. Möglicherweise möchten sie aber auch gerade solche Waldbilder malen, die im Museum gefehlt haben. Auch dann haben sie durch die Exkursion einen wichtigen Impuls empfangen.

Blickt man auf die vergangenen zehn Jahre zurück, kann man feststellen, dass sich die Waldkindergärten in Deutschland als sinnvolle Ergänzung der bestehenden Kindergartenformen durchgesetzt haben. Das ist nicht mehr als eine Zwischenbilanz. Wie sich die Zahl der Waldkindergärten in den nächsten Jahren weiterentwickelt, ist offen. Dagegen ist ihre organisatorische Struktur und inhaltliche Ausrichtung mittlerweile so gefestigt, dass der Zeitpunkt gekommen schien, zusammenhängend über sie zu berichten.

Zuletzt möchte ich darauf hinweisen, dass in diesem Buch zwar durchweg nur „Erzieherinnen" vorkommen, dass aber gleichwohl ihre männlichen Kollegen jeweils mit angesprochen sein sollen

Literatur und Medien
zum Waldkindergarten

Susanne Weisser, Gedanken zum Thema „Waldkindergarten", in: KiTa aktuell 11/1996, S. 222-224.

Landeswohlfahrtsverband Württemberg-Hohenzollern und Landesjugendamt (Hrsg.), Informationen und Materialien zum Waldkindergarten, März 1997.

Christine Merz und Hartmut W. Schmidt, „Raus in den Wald!" Projekt: Integrierter Waldkindergarten, in: Kindergarten heute 6/1997, S. 14-19.

Sabine Köllner und Cornelia Leinert (Hrsg.), Waldkindergärten. Ein Leitfaden für Aktivitäten mit Kindern im Wald, 3., unveränderte Auflage, Augsburg 1999.

Naturschutz-Zentrum Hessen und Büro für Naturpädagogik und Umweltbildung (Anette Barghi und Barbara Scholten) (Hrsg.), Kindergarten im Wald. Materialien der Umweltbildungsbörse, Heft 6, Wetzlar 1997, 4. Auflage 1999.

Arbeitsgemeinschaft Natur- und Umweltbildung e.V., Sozialpädagogisches Institut des Landes NRW, Verband für Umweltberatung NRW e.V., Jugendamt der Stadt Bergisch Gladbach (Hrsg.), Waldkindergärten in Nordrhein-Westfalen. Dokumentation der Fachtagung am 17. September 1997 in Bergisch Gladbach und ergänzende Materialien, Juli 1998.

Ministerium für Arbeit, Gesundheit und Soziales des Landes NRW (Hrsg.), Neue Wege in der Umwelterziehung. Erfahrungen aus einem Jahr Waldkindergärten in NRW, Düsseldorf 1998.

Christiane Marie Raeder, Lasst die Kinder ins Freie. Anregungen zu einem Waldprojekt, in: Welt des Kindes 1/1999, S. 34-39.

Natur- und Umweltschutz-Akademie des Landes Nordrhein-Westfalen (NUA), Kinderträume – Erlebnisräume [Naturkindergärten], März 1999.

Norbert Huppertz (Hrsg.), Kindergärten für Kinder. Waldkindergarten. Lebensbezogener Kindergarten. Montessori-Kindergarten. Offener Kindergarten, Oberried 1999.

Schutzgemeinschaft Deutscher Wald (SDW) Bundesverband e.V., Waldkindergärten. Grundlegende Informationen zu einem neuen Konzept [Faltblatt], August 1999.

Naturschutz-Zentrum Hessen Projekt GmbH in Zusammenarbeit mit dem Bundesarbeitskreis der Natur- und Waldkindergärten (Hrsg.), Verzeichnis der Natur- und Waldkindergärten in Deutschland, Wetzlar 1999.

Hessisches Sozialministerium (Hrsg.), Waldkindergärten – wo Kinder mit den Bäumen wachsen. Aspekte eines pädagogischen Konzeptes, Wiesbaden 1999.

Ingrid Miklitz, Waldkindergärten auf dem Weg zur Professionalisierung, in: klein & groß 10/1999, S. 47.

Ingrid Miklitz, Der Waldkindergarten, Hermann Luchterhand, Neuwied 2000.

Literatur zu Aktivitäten mit Kindern im Wald:

Heide Bergmann, Ursel Bühring und Andrea Groß, Kleine grüne Wunder, Herder, Freiburg 1996.

Esmond Harris, Wir entdecken und bestimmen Bäume, Ravensburger, Ravensburg 1996.

Höhere Forstbehörde Westfalen-Lippe (Hrsg.), Walderlebnisspiele, Verlag an der Ruhr, Mühlheim a. d. R. 1997.

Heike Baum, Bei den Buchen musst du suchen. Spiele im Wald, Herder, Freiburg 2000.

Ingrid Biermann, Ideen-Blitz: WaldTage, Herder, Freiburg 2000.

Petra Brandt, Hinaus in den Wald, Herder, Freiburg 2000 (= PeP: Projekte entwickeln für die Praxis, Ausgabe 2/2000).

Literatur zur Umweltbildung:

Christa Messner und Michael Gasser (Hrsg.), Umwelt erfahren – Umwelt bewahren. Projektarbeit in der Umwelterziehung in Kindergarten und Schule, AOL Verlag, Lichtenau und Kallmeyersche Verlagsbuchhandlung, Seelze-Velber 1994.

Johannes Wessel, Harald Gesing (Hrsg.), Spielend die Umwelt entdecken. Handbuch Umwelt-Bildung, Hermann Luchterhand, Neuwied 1995.

Hartmut Bölts, Umwelterziehung. Grundlagen, Kritik und Modelle für die Praxis, Wissenschaftliche Buchgesellschaft, Darmstadt 1995.

Oskar Brilling, Eduard W. Kleber (Hrsg.), Hand-Wörterbuch Umweltbildung, Schneider-Verlag, Hohengehren 1999.

Videofilme:

Kurt Gerwig: „Spielzeug zerbricht – Erlebnisse sind unsterblich". Waldkindergärten in Deutschland. Teil 1, AV 1 TV & Video-Produktion, Kaufungen 1996.

Kurt Gerwig: „Erlebnisse und Ergebnisse". Waldkindergärten in Deutschland. Teil 2, AV 1 TV & Video-Produktion, Kaufungen 1999.